Helmut Blechner

gehört. gewusst.

Helmut Blechner

gehört. gewusst.

Das Ö1 Kulturquiz

Mit 444 Fragen
und 444 Antworten

Amalthea

Besuchen Sie uns im Internet unter:
www.amalthea.at

Umschlaggestaltung: Wolfgang Heinzel
Umschlagabbildungen: vektorama. grafik.design.strategie, Wien
Herstellung und Satz: VerlagsService Dr. Helmut Neuberger
& Karl Schaumann GmbH, Heimstetten
Gesetzt aus der 10,75/14 Punkt Berkeley Book
Druck und Binden: Ueberreuter Buchproduktion, Korneuburg
Printed in Austria
ISBN 3-85002-546-2
ab 1.1.2007: ISBN 978-3-85002-546-1

Inhalt

Vorwort

»Ö1 braucht zur sonntäglichen Mittagszeit eine neue Sendung: ein Quiz. Es soll ein Spiel sein, das dem Kultursender Ö1 und den hohen Ansprüchen seiner HörerInnen gerecht wird.« Ungefähr so lautete Ende Oktober 2002 die Vorgabe von Ö1-Senderchef Alfred Treiber. Die Latte lag hoch, denn es sollte ein Spiel sein, das herausfordert, informiert und unterhält. Es musste anders sein als all die anderen Quiz-Spiele. Wobei eines fest stand: Die Preise werden nicht im Vordergrund stehen, denn Ö1 kann und will nicht bei der Preislizitation mitmachen.

In nur zwei Monaten entwickelte das »gehört.gewusst«-Team ein Radio-Quiz mit der Zielsetzung: anspruchsvoll und spannend, pfiffig und überraschend, lehrreich, aber nicht belehrend. Dabei kristallisierten sich verschiedene Fragetypen heraus, wie die Musik- und Wortcollage, das 3-Fehler-Spiel, das Stufenrätsel, die unterbrochene Geschichte oder das Rätsel in Sketch-Form. Sogar neue Libretti und fiktive Drehbücher wurden geschrieben. Diese Vielfalt können Sie nun auch lesend erkunden.

Für dieses Buch habe ich ein tragendes Element der Radiosendung »literarisch« umzusetzen versucht: den roten Faden. Bei der Sendung ist dies ein vorgegebenes Thema. Hier werden die höchst unterschiedlichen Fragen der einzelnen Kapitel durch Zwischentexte zusammengehalten, werden also sozusagen »moderiert«. Und immer dann, wenn der Autor nicht mehr weiter wusste, taucht als rettender und quälender Geist der griechische Philosoph Protaximenes auf – eine Erfindung des Autors, die zu einer eigenen Existenz heranreifte …

Angelehnt an die Einteilung der Fragen in drei Schwierigkeitsgrade, wie es für das Finale in der Radiosendung geschieht, sind hier jene Fragen aufgebaut, die nach je drei großen Frageblöcken eingeschoben sind. Neun Fragen sind zu drei Dreiergruppen zusammengefasst, wobei jeweils die erste Frage die leichteste, die zweite mittelschwer und die dritte die schwerste ist. Es sind dies schnelle Fragen, die sich gut fürs gesellige Spielen eignen – was bei einem guten »Spielleiter« auch für die anderen Fragen zutrifft: Der Spielleiter kann entweder durchs ganze Spiel führen oder wechseln und hat dabei drei Spielvarianten zur Auswahl: a) Die Fragen werden reihum gestellt, gibt es keine oder eine falsche Antwort, geht die Frage an den nächsten Mitspieler weiter. b) Alle spielen gleichzeitig und die Schnelligkeit siegt. c) Alle spielen gleichzeitig, notieren aber die Antworten auf einem Zettel und am Schluss wird abgerechnet. Zur Frage, ob Punkte vergeben werden sollen, gleich ein Kommentar von Protaximenes: »Nicht alles, was einen Wert hat, muss auch einen Punkt haben.«

Das Ö1-Quiz wird, wie schon erwähnt, im Team produziert, (fast) jede Sendung stützt sich aber auf eine(n) HauptautorIn. Bis März 2006 waren dies hauptsächlich Paul Catty, Robert Weichinger und Günter Kaindlstorfer, ferner Dr. Irene Suchy, Margit Maurer, Mag. Katrin Sippel, Heinrich Zuckerstätter, Mag. Claudia Schade und Mag. Martin Cargnelli. Die von ihnen recherchierten und verfassten Fragen

und Aufgaben sind in dieses Buch, das auf den ersten 155 Sendungen basiert, eingeflossen. Erwähnt werden soll auch die Mitarbeit von Robert Theiler, der vor allem durch seine kunstvollen Mischungen der (Musik-)Collagen für die radiophone Umsetzung sorgt. Ganz wesentlichen Anteil am Erfolg der Sendung haben natürlich auch die ModeratorInnen Doris Glaser, Paul Catty und Nikolaus Schauerhuber.
Das Kulturquiz »gehört. gewusst« findet jeden Sonntag (außer Juli und August) von 13:10 bis 14 Uhr vor Publikum statt und wird live auf Ö1 übertragen. Seit es das Buch gibt, darf aber auch gefragt werden: Gelesen? Gewusst?

Viel Vergnügen,

Helmut Blechner

Gemalte Pfeifen, kryptische Figuren und schräge Töne

»Jeder Schein birgt ein Rätsel«, hat unser antiker Quiz-Philosoph Protaximenes in seinen (noch) nicht entdeckten Aufzeichnungen festgehalten. Ein Maler des 20. Jahrhunderts ergänzte: *»Nichts ist, wie es scheint«*. Und er malte eine Pfeife und schrieb darunter: *»Das ist keine Pfeife«*. Es ist ja ein (Ab-)Bild, kein realer Gegenstand. Oder ist das dargestellte Objekt, das der Betrachter als Pfeife zu erkennen glaubt, etwa gar keine Pfeife? Wie auch immer:

Frage 1: Wer ist der Maler?

*

Hintergründig und sarkastisch sind die Filme des französischen Regisseurs Claude Chabrol. So auch sein 70. Film. Ein Familien-Thriller im doppelten Sinn des Wortes, hat er doch seine Frau, zwei Söhne und weitere Verwandte mitwirken lassen. »La fleur du mal«, »Die Blume des Bösen«, heißt der Film.

Frage 2: Welchem Dichter hat Chabrol,
wie er schmunzelnd gesteht,
eine Blume »gestohlen«?

Blumenpflückend begeben wir uns in den Wald, wo plötzlich schöne Weisen an unser Ohr dringen. Die Töne kommen uns bekannt vor, die Stimmen auch: Otter und Bär singen Wolf.

Frage 3: Wie heißt Otter mit Vornamen?

*

Wir folgen der Spur:

Frage 4: Welcher Steirer schrieb ein italienisches und ein spanisches Liederbuch?

*

Der Wald wird dunkler und geheimnisvoll, seltsame Gestalten tauchen auf. Unversehens sind wir in einen Märchenwald geraten. Nebelschwaden ziehen umher, die Wesen sind nicht recht zu erkennen. Da! Hier, unmittelbar vor uns: Die Figur kommt uns bekannt vor, aber arg entstellt ist sie, die Arme! Sieht aus, als ob sie durch den Wolf der Computer-Übersetzungsmaschinen gejagt worden wäre. Und so war es auch geschehen:
»Wie er hat sein Gelüsten zufriedengestellt, er hat noch am Bett gestellt, ist in Schlaf gefallen und hat Schnarchen begonnen an-obensehr. Ist Jäger ebenfalls das Haus übergegangen und hat gedacht: ›Wie das alte Frauenschnarcht sie muss sehen trotzdem, wenn sie gewissermaßen fehlend sind.‹ Dort hat er macht einen Schritt im Saal, und wie er vor Bett gekommen ist, dann hat er: ›Ich sie finde hier, Sie altes Sünder!‹ sogenannt. Wollte jetzt, dass er seine Kanne schuf produziert dort an ihm. Nicht aber das Zerschneidegeschoss,

und begann zu schneiden hat die offene Bauchkonvexität.« Voll Hohn und Grimm fragen wir:

Frage 5: Wen, welches Märchen,
hat das Übersetzungsprogramm derart
zugerichtet?

*

Es wird noch kryptischer. Auch Elfriede hat Märchen gern:

Frage 6: Wer kommt nach Schneewittchen,
Dornröschen und Rosamunde?

*

Nicht nur Märchen geben Rätsel auf, auch Redewendungen. Ihre Spur führt oft zurück zu handwerklichen Tätigkeiten, zu altem Brauchtum und zu wahren Begebenheiten. Dies ereignete sich im Jahr 1854 in Heidelberg: Ein Jusstudent mit Vornamen Viktor hatte einem Freund, der einen Kontrahenten im Duell getötet hatte, zur Flucht nach Frankreich verholfen, indem er ihm seinen Studentenausweis lieh. Der Freund wurde in Paris verhaftet, der fremde Ausweis sichergestellt. Freund und Ausweis wurden nach Heidelberg zurückgeschickt, der Fall kam vor Gericht. Zu Beginn seiner Zeugenaussage gab Viktor seinen vollen Namen an und beteuerte, von dem Vorfall nichts zu wissen. Dabei fiel der Satz, der inzwischen zum geflügelten Wort geworden ist. Übrigens: Der Nachname Viktors bezeichnet auch ein Tier.

Frage 7: Wie lautet die Redewendung?

Die Aufklärung von Schuld und Unschuld ist Sache der Kriminalkommissare und Detektive. Der vielleicht berühmteste, Sherlock Holmes, ist ein Geschöpf von Sir Arthur Conan Doyle. Schon Doyle hat den Mann, der auf der Seite des Rechts zu stehen scheint, mit einigen nicht gesetzeskonformen Lastern ausgestattet. Holmes ist Pfeifenraucher, aber nicht nur das: Er ist auch morphiumsüchtig!
Und er frönt einem künstlerischen Hobby – mehr ist es nicht –, das er mit Albert Einstein teilt. Dieses Hobby, von Holmes ausgeübt, wird von seinem Freund Dr. Watson eher als Last(er), denn als Genuss empfunden.

Frage 8: Was ist die Passion von
Sherlock Holmes und Albert Einstein?

Auflösung:

1) René Magritte
2) Charles Baudelaire (Gedichtsammlung »Les Fleurs du Mal« – »Die Blumen des Bösen«)
3) Anne Sophie (Die schwedische Sopranistin Anne Sophie Otter sang mit dem deutschen Bariton Olaf Bär Lieder des Komponisten von Frage 4.)
4) Hugo Wolf
5) Rotkäppchen
6) Jackie (alias Jacqueline Onassis, verwitwete Kennedy. Jackie ist die Hauptfigur in dem Elfriede Jelinek-Stück »Der Tod und das Mädchen«. Es ist der vierte Teil ihres Prinzessinnen-Zyklus. Schneewittchen, Dornröschen und Rosamunde waren die Protagonistinnen der ersten drei Dramen.
7) »Mein Name ist Hase, ich weiß von nichts.« (Der hilfreiche Freund hieß Viktor von Hase. Der genaue Wortlaut seiner Aussage: »Mein Name ist Hase, ich verneine die Generalfragen, ich weiß von nichts.«)
8) Das Geigenspiel (Holmes kratzt allerdings auf seiner Geige nur herum, das Spiel dient ihm zur Konzentration.)

Klopfet an, so wird euch aufgetan. Läuten gilt auch.

Es klopft. Draußen steht Protaximenes. Wie immer hat er, ungebeten, einen Spruch auf den Lippen: »In der Bibel steht: ›Suchet, so werdet ihr finden. Klopfet an, so wird euch aufgetan‹. Ich, Protaximenes, gebe zu bedenken: Jedes Tor eröffnet neue Fragen!« Fürwahr, fürwahr. Das Problem beginnt meist schon bei den Türstehern, deren Willkür und forschenden Fragen der Einlassbegehrende ausgeliefert ist. Der ehemalige Dienstmann Nr. 172 schreitet als Engel Aloisius durch die himmlische Pforte. Petrus macht ihn mit seinen künftigen Aufgaben vertraut: *»Von morgens 8 Uhr bis mittags 12 Uhr frohlocken. Von mittags 12 Uhr bis 8 Uhr abends Hosianna singen.«* Der Dienstmann nimmt dies mürrisch zur Kenntnis, dann platzt es aus ihm heraus: *»Ja, waun kriagn wia wos z'tringa?«*

Frage 1: Wer erfand Aloisius?

*

Auch ein Zimmermann hat versucht, in den Himmel zu kommen – *»Tryin' to get to heaven«* – und dreimal – knock-knock-knockin' – an die Tür geklopft.

Frage 2: Unter welchem Namen wurde er bekannt?

*

Dieser Herr kann als echter Tür-Experte bezeichnet werden: Treuherzig lächelnd schmettert er uns energisch baritonal entgegen: *»An der Himmelstür, an der Himmelstür, da fragt man dich nicht. An der Himmelstür, an der Himmelstür, da sind die Menschen alle gleich!«* Sie erkennen ihn nicht? Er ist enttäuscht, lässt sich aber nicht abwimmeln und fleht trotzig: *»Kennst Du seinen Namen, seinen Namen kennst Du nicht? Hier ist ein Mensch, schick ihn nicht fort. Hier ist ein Mensch, der will zu Dir. Du hast ein Haus, öffne die Tür! Öffne die Tür, öffne …«* Kategorischer lässt sich der Imperativ nicht formulieren. Es sei ihm, ehe es zu spät ist, aufgetan. Wenn es tatsächlich die Himmelstür ist, vor der er steht, dann würde Petrus nach seinem Namen fragen. Als Neumayer hatte er zwei Vornamen. Den zweiten machte er zu seinem Künstlernamen.

Frage 3: Wer begehrt hier Einlass?

*

Noch einer will hinein: Dort drüben trommelt ein fellbekleideter, korpulenter Typ wie wild mit den Fäusten an die Holztür des schmucken Einfamilienhäuschens. Er ist offenbar ausgesperrt.

Frage 4: Welchen Namen ruft er?

*

Ja, draußen vor der Tür – es ist wirklich ein Drama.

Frage 5: Wer schrieb es?

*

Sie stehen vor der Tür, in der Tür, manchmal auch hinter der Tür. Sie sind eher schweigsame Typen. Sie grüßen, oder auch nicht. Sie sind nicht von hohem Rang, erteilen aber mit wenigen Worten oder knappen Gesten ihre Anweisungen. Und wenn sie einmal Parterre sind, muss das nichts mit ihrer persönlichen Situation zu tun haben. Sie haben ein Auge darauf, dass niemand mit falschen Karten spielt.

Frage 6: Welchen Beruf üben sie aus?

*

Nehmen wir uns diesen Türsteher vor: Geifernd bewacht er den Eingang. Er zeigt die Zähne – ist es Lächeln, ist es Drohung? Er lässt die Muskeln spielen, sein Blick ist finster, nichts entgeht ihm. Unruhig wedelt er mit seinem Schlangenschwanz, die Schlangenköpfe auf dem Rücken winden sich. Er ist unbestechlich und verwehrt jedem Unbefugten den Zutritt. Nur wenigen soll es gelungen sein, ihn zu überlisten.

Frage 7: Wie heißt er?

*

Joseph memoriert: »*Es ist unentscheidend, ob der Türhüter klar sieht oder getäuscht wird. Ich sage, der Mann wird getäuscht. Wenn der Türhüter klar sieht, könnte man daran zweifeln, wenn der Türhüter aber getäuscht ist, dann muss sich seine Täuschung notwendig auf den Mann übertragen.*«

Frage 8: Wie heißt Joseph mit Nachnamen?

*

Haben Sie es läuten gehört? Es wird wohl die Pausenglocke gewesen sein. Sie läutet in der Regel dreimal, niemals aber 24 Stunden. Es sei denn, Marianne Mendt tritt auf. Mit »ana Glockn« hat sie die Dialektwelle im Austropop eingeläutet. Hans Salomon schrieb die Musik.

Frage 9: Von wem stammt der Text?

*

Lassen wir es klassisch läuten. In Schillers »Lied von der Glocke« heißt es euphorisch: »*Herein! Herein! Gesellen alle, schließt den Reihen, dass wir die Glocke taufend weihen, … soll ihr Name sein.*«

Frage 10: Wie heißt die Glocke bei Schiller?
Hinweis: Unter diesem Namen versammeln sich Journalisten.

*

Verdächtige Stille ist eingekehrt. *»Die Glocke, Glocke tönt nicht mehr, die Mutter hat gefackelt. Doch welch ein Schrecken! Hinterher … kommt« …*

Frage 11: … wer gewackelt?

Auflösung:

1) Ludwig Thoma (»Der Münchner im Himmel«)
2) Bob Dylan
3) Peter Alexander (Neumayer)
4) »Wilma« (ruft Fred Feuerstein)
5) Wolfgang Borchert (»Draußen vor der Tür«)
6) Billeteur
7) Zerberus (Der Höllenhund bewacht die griechische Unterwelt, den Hades.)
8) Joseph K. (in Franz Kafkas »Der Prozess«)
9) Gerhard Bronner
10) Concordia (»soll ihr Name sein, zur Eintracht, zu herzinnigem Vereine versammle sich die liebende Gemeinde.«)
11) die Glocke (aus: »Die wandelnde Glocke« von J. W. Goethe)

Märchenhafte Morde und göttlicher Sittenverfall

Es wird gemordet, gefoltert, betrogen, gelogen. Blut spritzt durch die Gegend, Schmerzensschreie dringen durch dicke Mauern. Die Protagonisten sind von Habgier, Eifersucht, Rache, Stolz und Eitelkeit getrieben. Das Böse ist immer und überall – und das in den Märchen, die wir unseren lieben Kleinen (nicht mehr) erzählen. Echte Action-Thriller sind sie, die Märchen. Und jugendfrei!? Eine der bekanntesten Geschichten ist jene, in der eine alte Frau in den Ofen gestoßen wird.

Frage 1: Wer hat die Tat begangen?

*

Die Brüder Grimm haben alles genau protokolliert. Sie erwähnen auch einen Fall, der drastisch aufzeigt, wohin Eitelkeit und Gefallsucht führen: Weil sie unbedingt die Schönste sein wollte, wurde sie Opfer eines grausamen Rachemords.

Frage 2: Was war die Tatwaffe?

*

Drei Hinweise zu einem Mord. Der Tatort: ein Bett, irgendwo in San Francisco. Die Tatwaffe: ein Eispickel. Verdächtig: die Geliebte des Opfers.

Frage 3: Beweisen Sie Schnüffler-Instinkt:
Wer spielte die Mörderin?

*

Eine ganze Stadt sucht einen Kindsmörder. Durch die vielen Razzien in ihren Geschäften gestört, organisiert sich die Unterwelt, jagt den Täter und stellt ihn.

Frage 4: Welcher Buchstabe verrät den
Kindsmörder?

*

Ein grauenvolles Familiendrama: Er, der Serienmörder, will seine Gemahlin umbringen, weil sie die Blutkammer entdeckt hat, in der die Gerippe ihrer Vorgängerinnen lagern. Ihre drei Brüder eilen zu Hilfe und schlagen ihn tot.

Frage 5: Wie heißt der König bei Béla Bartók?

*

Ja, auch auf der Bühne wird viel und gern gemeuchelt. Eine berühmte Szene:

Schauspielerin: *Was willst du tun? Du willst mich nicht ermorden? He, Hilfe! Hilfe!*

1. Schauspieler:	*Hilfe! He, herbei!*
2. Schauspieler:	*Wie? Was? Eine Ratte? – Tot! Für einen Dukaten tot!*
1. Schauspieler:	*Oh, ich bin umgebracht!*
Schauspielerin:	*Weh mir, was tatest du?*
2. Schauspieler:	*Fürwahr, ich weiß es nicht. Ist es der König?*
Schauspielerin:	*Oh welche rasche blut'ge Tat ist dies!*
2. Schauspieler:	*Ja, gute Mutter, eine blut'ge Tat, so schlimm beinah, als einen König töten und in die Eh mit seinem Bruder treten.*

Frage 6: Wer schafft es, mit dem Ruf »Oh, ich bin umgebracht!« den eigenen Tod zu beklagen?

*

Wer Geld hat, braucht sich nicht selbst die Hände schmutzig machen, er, in diesem Fall sie, lässt töten. Eine feine Dame zeigt sich spendabel: »*Um meinen Beitrag an eurer Freude zu leisten, will ich gleich erklären, dass ich bereit bin, Güllen eine Milliarde zu schenken. Fünfhundert Millionen der Stadt und fünfhundert Millionen verteilt auf alle Familien. Unter einer Bedingung. Ich gebe euch eine Milliarde und kaufe mir dafür die Gerechtigkeit. Ich kann sie mir leisten. Eine Milliarde für Güllen, wenn jemand Alfred Ill tötet.*«

Frage 7: Wie heißt die alte Dame, die hier in aller Öffentlichkeit zum Mord aufruft?

*

Nicht nur auf Erden, auch oben im Himmel ist man nicht zimperlich. Die Geschichte der griechischen Götter erweist sich von Anfang als reinste »sex & crime story«. Als reinste? Die Sittenwächter hätten viel zu tun gehabt: Inzest, wohin man blickt. Aber bitte, am Anfang war ja niemand anderer da: Gaia, die Allmutter, gebiert aus sich heraus Uranos und zeugt mit ihm einen Haufen Kinder, darunter die Titanen. Einer von ihnen, Kronos, entmannt, von der Mutter aufgehetzt, den Vater. Aber auch Kronos' Tage der Weltherrschaft sind gezählt, er wird vom eigenen Sohn gestürzt.

Frage 8: Wer ist der Vatermörder?

Auflösung:

1) Gretel (Bei den Brüdern Grimm heißt es: »Da gab ihr Gretel einen Stoß, dass sie weit hineinfuhr, machte die eiserne Tür zu und schob den Riegel vor.«)
2) eiserne Pantoffel oder rot glühende Schuhe (Zitat aus »Schneewittchen« über das Ende der bösen Königin und Stiefmutter: »Aber es waren schon eiserne Pantoffel über Kohlenfeuer gestellt und wurden mit Zangen hereingetragen und vor sie hingestellt. Da musste sie in die rot glühenden Schuhe treten und so lange tanzen, bis sie tot zur Erde fiel.«)
3) Sharon Stone in »Basic Instinct« (Regie: Paul Verhoeven, mit Michael Douglas)
4) M (Film von Fritz Lang: »M – Eine Stadt sucht ihren Mörder«, mit Peter Lorre als Mörder)
5) Herzog Blaubart (in Béla Bartóks Oper »Herzog Blaubarts Burg«)
6) Polonius (in Shakespeares Hamlet, 3. Akt)
7) Claire Zachanassian (im Stück »Der Besuch der alten Dame« von Friedrich Dürrenmatt)
8) Zeus

Am Anfang war das Wort

»Am Thron von Demant, wo auf blutig heißen Fußspuren Mars, der wilde, siegreich waltet, hat der Manchaner Held tollkühn entfaltet sein Banner, lässt es stolz im Winde kreisen.«

Frage 1: Welcher Roman beginnt mit
diesen Worten?

*

»Wir werden euch schon Mores lehren,
ihr liederlichen Burschen, ihr!
Was nun geschehn wird, sollt ihr hören,
der Feenkönig richtet hier.«

Frage 2: Die ersten Worte einer Zauberposse.
Wie heißt der böse Geist?

*

»Auf halbem Weg des Menschenlebens fand
Ich mich in einen finstern Wald verschlagen,
Weil ich vom rechten Weg mich abgewandt.«

Frage 3: So beginnt ein großes Versepos.
Wie lautet der Titel?

Man spricht Fremdländisch

Frage 4: Wie heißt in der Sprache
der Inuit »Haus«?

*

Dieses japanische Wort hat sich international – also auch im deutschen Sprachraum – durchgesetzt. Es bezeichnet etwas bewusst Ausgelassenes, das selbst hinzugefügt werden soll. Das Ergebnis klingt höchst unterschiedlich.

Frage 5: Was heißt auf Japanisch
»leeres Orchester«?

*

Frage 6: Wie wird der »Rote Palast«
in Andalusien auf Arabisch bezeichnet?

Allerlei musikalisch Getier

Es könnte sich um die Bombus magnus flavoscutellaris, die Megabombus sylvarum distinctus oder auch um die aus der Mongolei westwärts ziehende Bombus semenoviellus handeln.

Frage 7: Wen lässt Nikolai Rimski-Korsakow
in einem berühmten Scherzo der wenig
bekannten Oper »Das Märchen vom
Zaren Sultan« ausfliegen?

*

Frage 8: Wer lässt einen Löwen, Hähne
und Hennen, Esel, eine Schildkröte, Elefanten,
Kängurus und einen Schwan
Karneval feiern?

*

Frage 9: In welchem Werk werden von Raphael folgende Tiere besungen: Adler und Nachtigall, der brüllende Löwe, der gelenkige Tiger, der schnelle Hirsch, das edle Ross, das sanfte Schaf und das Heer der Insekten?

Auflösung:

1) »Don Quijote« (von Miguel de Cervantes [Saavedra])
2) Lumpazivagabundus (»Der böse Geist Lumpazivagabundus oder Das liederliche Kleeblatt« von Johann Nestroy)
3) »Die göttliche Komödie« (von Dante Alighieri)
4) Iglu
5) Karaoke
6) Alhambra (»Die Rote«)
7) Hummeln (»Der Hummelflug«)
   Lateinische Bezeichnungen für die Große Erdhummel, die Waldhummel und die Semenov-Hummel. Die meisten Hummelarten sind vom Aussterben bedroht.
8) Camille Saint-Saëns (»Karneval der Tiere«)
9) »Die Schöpfung« (Oratorium von Joseph Haydn, Text: Gottfried van Swieten)

»Expedition Odysseus« und andere irre Fahrten

Das Fernsehen sucht den Stoff für eine neue quotenträchtige Serie und entdeckt ein altes Thema: die Abenteuer des Odysseus. Nur leider: mit dem Budget hapert's ein bisschen. Der Producer steht unter gehörigem Kostendruck. Als Drehort für den großen TV-Mehrteiler »Expedition Odysseus« ist daher die Lobau vorgesehen. Doch damit sind die Probleme keineswegs gelöst. Der Producer rauft sich die Haare: »Ein Wahnsinn, wo überall gespart werden muss! Für die Szene mit dem einäugigen Riesen verhandle ich gerade mit einer Geisterbahn im Wiener Prater. Wir wollen uns den großen Hartplastik-Geist ausborgen, der gleich neben der Kassa steht. Wie sollen wir sonst zu einem einäugigen Kyklopen kommen? Wird eh keiner ernst nehmen, die Szene mit diesem einäugigen Riesen, der in einer Höhle – in der Lobau! – Odysseus und seine Gefährten festhält.«

Frage 1: Wie heißt dieser Menschenfresser?

*

Auch die nächste Folge bereitet dem Produzenten Kopfschmerzen: »Odysseus und die Sirenen, das ist auch so eine Sache! Wir werden das im Ölhafen Lobau drehen, mit den

Zwettler Sängerknaben, die spielen die Sirenen.« Hinter vorgehaltener Hand: »Die Wiener Sängerknaben wären uns zu teuer. ... Im Ölhafen werden wir noch eine andere Szene drehen: die mit den beiden Ungeheuern in der Meerenge, zwischen denen Odysseus durchnavigieren muss. Also die ..., die Dings und die Dings.«

Frage 2: Wen meint der geplagte Produzent?

*

»Eigentlich müsste man ja politisch korrekt ›Ungeheuerinnen‹ sagen, nicht wahr? Und wie kleide ich die beiden ein? Keine Ahnung. Was trägt man so als Ungeheuerin? ... Dafür dürften sich die Bekleidungsfragen für die nächste Szene, die Episode mit der Nymphe, in Grenzen halten. Sie wissen, die Nymphe, die Odysseus mit betörendem Charme auf ihrer Insel festhält. Sieben Jahre bleibt der gute Mann dort. Wir werden das im FKK-Teil des Gänsehäufels abdrehen, die Nymphe soll Arabella Kiesbauer spielen. Muss man für diese Rolle eigentlich tanzen können?«

»Eine blöde, aber trotzdem gute Frage!« Wir haben es befürchtet: Protaximenes, unser Hausphilosoph, kam aufs Stichwort angetanzt. Im Tanga, braun gebrannt, das Bäuchlein eingezogen, bewegt er sich rhythmisch die Hüften schwingend durch die Redaktionsstube. »Nur weil man so heißt, muss man nicht unbedingt das tanzen. Die gute Nymphe lebt ja auf einer Insel im Mittelmeer, und nicht in der Karibik – wo ich gerade auf Urlaub war. Tanze ich nicht gottvoll?«

Frage 3: Eine Antwort bitte: Wie heißt die Nymphe und was tanzt Protaximenes?

Während unser philosophischer Müßiggänger vermutlich dem nächsten Strand zustrebt, findet der geplagte TV-Producer wieder Worte. Die »Expedition Odysseus« neigt sich dem Ende zu, der Held ist heimgekehrt. Und das ist es, was dem guten Mann den Schlaf raubt: »Odysseus' Heimkehr in den Palast auf Ithaka – eine Ausstattungsorgie. Wir werden das in der Stadthalle drehen. Das Bettlergewand für den Odysseus wird ja kein Problem sein. Aber wo nehmen wir bloß das riesige Bett her, das aus einem einzigen Baum herausgeschnitzt ist? Wenn wir so einen Baum fällen, legen wir uns mit den Grünen an. Was brauchen die auch so ein großes Bett, der Odysseus und die, die …«

Frage 4: Na wer?

*

Nicht nur Film und Fernsehen greifen immer wieder auf Homer zurück, auch Schriftsteller und Maler lassen sich gerne von den antiken Griechen inspirieren. Die »Arche des Odysseus« heißt ein Bild, auf dem sich der Maler, wie so oft, selbst porträtiert hat. Selbstdarstellungen dieser Art nannte er in anderen Werken »Adam«.

Frage 5: Wer malte sich als »Adam«?

*

1818 schuf der französische Maler Theodore Géricault ein berühmtes Gemälde der Kunstgeschichte. Es zeigt die Überlebenden eines legendären Schiffsunglücks. Sie treiben inmitten sturmgepeitschter Fluten auf einem Floß dahin.

Das gesunkene Schiff war nach einer mythologischen Schreckensfigur benannt, deren Haartracht Herpetologen sicher interessiert hätte.

Frage 6: Wie hieß das Schiff?

*

»Die Reise mit der ›Beagle‹«, notierte ein Forscher, *»ist bei weitem das wichtigste Ereignis in meinem Leben und hat meine ganze Laufbahn bestimmt.«* Auf ihrer fünfjährigen Fahrt steuerte die ›Beagle‹ unter anderem die Galapagos-Inseln an.

Frage 7: Vom wem stammt die Aufzeichnung?

Auflösung:

1) Polyphem
2) Skylla und Charybdis
3) Kalypso
4) Penelope
5) Rudolf Hausner
6) Medusa (Bild: »Das Floß der Medusa«)
7) Charles Darwin. Die Forschungsreise lieferte Darwin grundlegende Erkenntnisse für seine Evolutionstheorie.

Antike Sponti-Sprüche und berühmte Spiegel-Bilder

»Wir haben keine Chance, nützen wir sie!«, sprayten die Spontis in den 1980er Jahren an die Hauswände. Nach neuesten Forschungen haben Spontisprüche eine jahrtausendelange Tradition, ihre Spuren führen angeblich zurück zu den Anfängen der griechischen Philosophie. Einer der berühmtesten Sprayer, pardon: Denker seiner Zeit war Cheilon, er gehörte einer legendären »Gelehrten-Gruppe« an.

Frage 1: Wie wird sie genannt?

*

Dieser Cheilon soll Autor einer der berühmtesten Spontisprüche aller Zeiten gewesen sein. Zu finden ist der Slogan am Tempel des Apollon in Delphi: *»Erkenne dich selbst.«* Eine Empfehlung, die oft mehr Mühe als Freud bereitet. *»Selbsterkenntnis«* ist zwar, wie ein Sprichwort anknüpft, *»der erste Weg zur Besserung«*, sie kann aber auch, wie berühmte Beispiele lehren, letal enden: Einem schönen Knaben wurde prophezeit, er werde nur dann ein langes Leben haben, wenn er sich nicht selbst kennen lerne. Als attraktiver junger Mann wurde er zum Frauenliebling, er wies jedoch alle Gunstbezeigungen schroff zurück. Als selbst die Nymphe

Echo an ihm abprallte, wurde er mit unstillbarer Sehnsucht nach seinem eigenen Bilde bestraft. Im klaren Wasser einer Quelle erkannte er sein Spiegelbild und konnte nicht mehr von ihm lassen. Er verzehrte sich im wahrsten Sinne des Wortes nach sich selbst.

Frage 2: In welche Blume wurde er verwandelt?

*

Frage 3: Und was blieb von Echo?

*

Nicht nur Schönheit und Selbstliebe, auch Hässlichkeit und Hass können – wie es dem Basilisk widerfuhr – nach erkenntnisreichem Blick in den Spiegel zu jähem Tode führen.

Frage 4: Der im Brunnen hausende Basilisk
ist ein Mischwesen aus Drache und
welchem Haustier?

*

Wenden wir uns wieder den schönen Dingen zu: Ein Bild, auf dem Rosen, Orangen und ein Pony-Zopf zu sehen sind, allerdings von hinten. Der Maler gehörte zu den Dandys, über die sein Freund Charles Baudelaire sagte: »*Der Dandy muss leben und schlafen vor einem Spiegel.*« Für sein letztes Bild – es entstand 1881/1882, zwei Jahre vor seinem Tod –

wählte der Maler einen Raum mit Spiegelwänden. Dieser Raum befand sich in Europas berühmtestem Variété-Theater. Weitere Hinweise zu Maler und Bild: In der linken oberen Ecke des Bildes sind gerade noch die grünen Füße einer Trapezkünstlerin zu sehen. Die Signatur befindet sich auf dem Etikett einer Bierflasche links unten. Die Flasche steht auf einer Marmortheke. Im Vordergrund eine Bardame. Im Spiegel sind der Saal und die zahlreichen Gäste zu sehen.

Frage 5: Wie heißt das Bild?

*

»Hinter dem Spiegel« ist der Titel einer Lithografie aus dem Jahr 1964. Wir sehen eine Frau und rechts hinter ihr einen Spiegel. Dieser Spiegel wird von einem Pierrot hochgehalten. Ganz links steht eine zweite männliche Figur, die ebenfalls einen großen Spiegel hält. In diesem Spiegel sind Gegenstände zu sehen, die für den Künstler typisch sind: ein Esel, ein Hahn und ein fliegender Regenschirm. *»In unserem Hof wohnte ein Geiger«*, schrieb der Künstler in seiner Autobiografie. *»Abends unterrichtete er Violine. Ich kratzte irgendeine Melodie auf der Geige, und egal wie ich es spielte, klopfte er mit dem Fuß dazu und rief ›Ausgezeichnet!‹«*

Frage 6: Wer ist der Geigenschüler?

Auflösung

1) die »Sieben Weisen« (Der Spruch »Erkenne dich selbst« wird auch Thales von Milet zugeschrieben)
2) Narzisse
3) die Stimme
4) Hahn
5) »Bar in den Folies Bergères« (von Édouard Manet)
6) Marc Chagall

(Griechische) Fußballgötter und berühmte Tore

Jahrtausendelang blieben sie unter sich. Nach der Fußball-Europameisterschaft 2004 müssen Zeus & Co. ihr Heim hoch droben, wo die Luft dünn ist, mit einem neuen Mitbewohner teilen. Er, der germanische (!) Held, war als zwölfter Mann am Spielfeldrand der wichtigste seiner Elf. Nach dem »Wunder von Lissabon«, als Griechenland unter seinem deutschen Teamchef Otto Rehhagel sensationellerweise Europameister wurde, wiesen ihm die griechischen Medien einen neuen Spitznamen und einen neuen Wohnort zu. Ab sofort wurde er in Anspielung auf den Helden Herakles »Rehhakles« genannt und auf seinem mythologischen Meldezettel steht nun: Olymp. Eine seiner ersten Aufgaben am Olymp könnte es gewesen sein, Ordnung in das chaotische Götterteam zu bringen. Ganz nach seiner erfolgreichen irdischen Devise: *»Früher machte jeder, was er wollte, heute jeder, was er kann.«*

Frage 1: Angenommen, die Olymp-Mann-,
nein: Gottschaft will ein freundschaftliches
Fußball-Länderspiel gegen die Asen austragen.
Wie viele Götter müsste Rehhakles trainieren?

*

Die angesehene griechische Zeitung »Eleftherotypia« überbrachte die Botschaft über den 1:0-Finalsieg über Portugal mit einem einzigen altgriechischen Wort: *»Nenikekamen«* stand da in großen Lettern. Das war das letzte Wort jenes legendären Läufers, der 490 v. Chr. Athen die Nachricht vom Sieg über die Perser überbrachte. Dann brach er der Legende nach tot zusammen.

Frage 2: Rehhagel siegte in Lissabon – wer, welcher Feldherr, siegte bei Marathon?

*

Noch eine andere historische Parallele wurde bemüht: Rehhagel ist nicht der erste Otto, der in Griechenland etwas zu sagen hatte.

Frage 3: Aus welchem Land oder Staat stammt jener Otto, der 30 Jahre – von 1832 bis 1862 – in Athen regierte und der die griechischen Nationalfarben eingeführt haben soll?

*

Erinnern wir uns in nostalgischer Anwandlung daran, dass auch Österreich einst ein Wunderteam hatte. Absoluter Star des Wunderteams war Mathias Sindelar. Bereits zu Lebzeiten war er eine Legende. Die eleganten Dribblings, scharfen Schüsse und genialen Pässe des »Papierenen« beflügelten auch die Fantasie eines Schriftstellers:

»Er war ein Kind aus Favoriten
und hieß Mathias Sindelar
Er stand auf grünem Plan inmitten,
weil er ein Mittelstürmer war.
Er spielte Fußball, und er wusste
vom Leben außerdem nicht viel.
Er lebte, weil er leben musste,
vom Fußballspiel fürs Fußballspiel.«

Der Dichter dieser Zeilen wollte selbst Fußballer werden, bekam aber »kein Leiberl«. *»Denn damals – 1921 – war die Fußballsektion von der sportbegeisterten jüdischen Jugend Wiens so überlaufen, dass sie zeitweilig keine neuen Mitglieder aufnahm.«*

Frage 4: Welcher verhinderte Fußballer und spätere Autor wurde erfolgreicher Wasserballer und mit Hagibor tschechoslowakischer Meister?

*

Nach der These eines anderen österreichischen Schriftstellers ist Fußball *»ein spermazoides Spiel. Ein Großfamilienersatz und unverbindliches Gesprächsthema.«* Aus Begeisterung für das runde Leder hat er sein Pseudonym nach dem Ergebnis eines Fußball-Länderspiels konstruiert. Frankreich besiegte Belgien mit 2 : 0.

Frage 5: Franz Stefan Griebl wurde unter welchem Pseudonym bekannt?

*

Die Würze jedes Spiels sind die Tore. Legen wir also berühmte Tore auf. Das erste ist nach seinem Kalksteinrelief benannt. Es zeigt zwei Löwen, die sich, mit den Vorderpfoten auf der Basis einer minoischen Säule stehend, entlang der Säule aufrichten. Die Löwen haben keine Köpfe (mehr).

Frage 6: In welcher antiken Stadt befindet sich dieses berühmte Löwentor?

*

Zum Ausgleich ein frühklassizistischer Sandsteinbau, der den Propyläen auf der Athener Akropolis nachempfunden ist. Auf dem Dach des Tores thront ein Viergespann mit Siegesgöttin.

Frage 7: Wie heißt dieses Wahrzeichen?

*

Das nächste Tor, vielleicht das entscheidende, erzielen Sie mit einem energischen Durchbruch zwischen den Südkarpaten und dem Serbischen Erzgebirge. Kryptischer Hinweis: Der Schuss prallt von der Stange ab und zappelt im Netz. Der Tormann ärgert sich, bis er schwarz wird.

Frage 8: Wie wird dieses Tor genannt?

*

Ein brasilianischer »Fußballgott« trug den Namen eines griechischen Philosophen: Dr. Sócrates. In den 1980er Jahren war er Kapitän des brasilianischen Nationalteams und galt als »elegantester Mittelfeldspieler«. Sócrates wurde als Maestro bezeichnet, »der sein Orchester mit Verstand und Übersicht dirigiert«. Seine Brüder hießen Sóstenes und Sófocles.

Frage 9: Der Vater hielt es mit der Antike,
er hatte das Werk des berühmtesten Schülers
von Sokrates studiert. Wen verehrte er?

*

Im kurzen Nachspiel ein aufgelegtes Tor für Fußballfans:

Frage 10: Wem gehört die Hand Gottes?

Auflösung

1) 12 (griechische Götter thronen am Olymp)
2) Miltiades
3) Otto I. (stammte aus Bayern)
4) Friedrich Torberg
5) Franzobel (In dem Buch »Mundial, Gebete an den Fußballgott« enträtselte Franzobel sein Pseudonym: Frankreich besiegte Belgien mit 2:0, das TV-Insert lautete also: Fra 2:0 Bel)
6) Mykene
7) Brandenburger Tor (in Berlin)
8) Eisernes Tor (Die Donau fließt durch die Engstelle weiter in Richtung Schwarzes Meer. Fußballtore sind aus Metall.)
9) Plato(n)
10) Maradona. (Bei der WM 1986 in Mexiko hatte Maradona im Viertelfinalspiel Argentinien gegen England ein Tor mit der Hand erzielt. Zum Entsetzen von Tormann Peter Shilton wurde das Tor anerkannt. Später gab Maradona den Regelverstoß mit der poetischen Formulierung zu: »Das war die Hand Gottes«.)

Geflogen, geritten und selbst gejagt

Es entsprang dem Blut der Medusa, hat vier Beine und zwei Flügel.

Frage 1: Wie heißt das Wesen, das die Dichter inspiriert?

*

Sie kommen in wehenden Umhängen auf zwei kräftigen Rössern, um die Töchter des Leukippos zu entführen. Der eine ist Kastor.

Frage 2: Wer ist der andere?

*

Aphrodite und Persephone liebten ihn und mussten sich ihn teilen.

Frage 3: Wie hieß der wunderschöne Jüngling, der aus Eifersucht vom Kriegsgott Ares in Gestalt eines Ebers getötet wurde?

Die Kunst des Fliegens

Es wird aus Porzellan oder Keramik gemacht, kann aber möglicherweise auch fliegen.

Frage 4: Was ist es?

*

Es ist V-förmig und aus Hartholz gefertigt. Der Winkel zwischen den beiden Schenkeln beträgt 90 bis 160 Grad. Der Auftrieb kann durch den Unterschliff der Vorderkanten reguliert werden. Es ist sowohl Sportgerät als auch Waffe.

Frage 5: Wie wird das Ding genannt?

*

Das Fluggerät heißt laut Plan Ornithopter. Sein technisches Prinzip ist dem Vogelflug nachempfunden. Unter die Zeichnung hat der Erfinder eine Erklärung geschrieben.

Frage 6: In welcher nicht ganz leicht
entzifferbaren Schrift ist der Text geschrieben?

Zug um Zug

Per Zug will Hermann Leopoldi mit seinem Schnucki abdampfen.

Frage 7: Auch des Reimes wegen in welchen US-Bundesstaat?

*

Er war ein Blauer Reiter und einer von den Blauen Vier. In seiner Heimat fährt die Eisenbahn auf breiter Spur, er aber malte einen winzigen, pechschwarzen Zug in einer leuchtenden Landschaft mit Telegrafenstangen.

Frage 8: Wer ist der Künstler?

*

Ein Kamin, links und rechts zwei Kerzenständer, in der Mitte eine Uhr, dahinter, an der Wand, ein Spiegel. Um 12 Uhr 43 rast eine Dampflokomotive mitten aus dem Kamin. Wie eingefroren schwebt die rauchende Lok in der Luft.

Frage 9: Wer hat das Bild gemalt?

Auflösung:

1) Pegasus
2) Pollux
3) Adonis
4) Untertasse
5) Bumerang
6) Spiegelschrift. Der Erfinder und Zeichner ist Leonardo da Vinci.
7) Kentucky. »*Schnucki, ach Schnucki, foa ma noch Kentucky*« (Kentucky mit »u« ausgesprochen). Das Lied hat auch André Heller aufgenommen.
8) Wassilij Kandinsky
9) René Magritte

Auf den Hund gekommen

»Ich bin ja einiges gewohnt, aber diese Hitze ist heuer unerträglich.« Protaximenes wischt sich den Schweiß von der Stirn. »Am liebsten würde ich mir das Tuch vom Leib reißen, schön wie Apoll bin ich ja. Ich will aber meine zarte Haut nicht der sengenden Sonne aussetzen. Einen Sonnenbrand hat man schneller als man glaubt. Und wer ist schuld? Dieser Hundsstern! Nicht von ungefähr haben wir ihn ›seirios‹ – der Verbrennende – genannt. Fix wie Sie sind, wissen Sie ja, welchen Stern ich meine.«

Frage 1: Von welchem Stern spricht Protaximenes?

*

»Diese Hitze!«, stöhnt Protaximenes und nimmt wieder einmal unaufgefordert Platz. »Ja, wir Griechen haben eine echt mythologische Beziehung zum treuesten Freund des Menschen. Da gibt es einen, den Zerberus, der ist so anhänglich, dass er keinen mehr fortlassen will. Ein bisschen missgebildet ist er: Drei Köpfe oder mehr soll er haben. So steht er vor dem Hades und erwartet die Seelen der Toten, die vom Fährmann Lethe über den Fluss Acheron gesetzt worden sind. Eintretende wedelt er

freudig an. Aber wehe dem, der umkehren will. Zerberus ist sozusagen der reziproke Wachhund. Er lässt jeden rein, aber niemanden raus. Die schöne Eurydike konnte ihn allerdings mit ihrem Gesang besänftigen. Nur dem listenreichen Odysseus gelang es, Zerberus zu bezwingen.«
Protaximenes lächelt still vor sich. Wohl die Folgen der Hitze, denn in seine Erzählung haben sich drei Fehler eingeschlichen.

Frage 2: Korrigieren Sie die Fehler:
Wo liegen die Hunde begraben?

*

»Apropos Odysseus!« Unser Hausphilosoph ist trotz Hitzekoller nicht aufzuhalten. »Als er nach langer Irrfahrt vom Trojanischen Krieg nach Hause kommt, erkennt ihn weder Frau noch Sohn, nur … wie heißt es so schön bei Homer? Gestatten Sie, dass ich zitiere: ›*Hier lag der Hund, von Ungeziefer zerfressen. / Dieser, da er nun endlich den nahen Odysseus erkannte, wedelte zwar mit dem Schwanz, / und senkte die Ohren herunter; / Aber er war zu schwach, sich seinem Herrn zu nähern. / Und Odysseus sah es, und trocknete heimlich die Träne, unbemerkt …*‹« Auch Protaximenes greift vor Rührung zum Taschentuch. »So ein liebes Hunderl, dieser, na wie heißt er schnell? Ah ja, mit dem gleichnamigen ›Allesseher‹ hat er aber nichts zu tun, mit diesem hundertäugigen Riesen, dem unheimlichen Paten aller Wachgesellschaften.« Der geschwätzige Gast ist endlich eingeschlafen und ins Land der Träume entschwunden.

Frage 3: Wie heißt Odysseus' Hund?

Von Rührung erfasst, entsinnen wir uns eines anderen treuen Hundes. Auf einem Grabstein steht geschrieben: *»Einst hatte ich der Freunde sieben, / sechs ließen mich zu böser Stund', / ein einziger ist mir geblieben – / und dieser ist mein Hund. / Der jetzt hier ruht, / er war ein Freund von mir; / ich kannte einen nur, / und der liegt hier.«* Der Verfasser dieser Zeilen, ein englischer Dichter, hatte sich am griechischen Befreiungskampf gegen die Türken beteiligt. Er starb 1824 in Mesolongi. Mit Vornamen hieß er George Gordon Noel.

Frage 4: Unter welchem Namen wurde dieser Hundefreund bekannt?

*

Der Name seines Hundes ist nicht überliefert. Es gibt aber Fälle, in denen der Hund bekannter ist als das Herrl. Was zum Beispiel beim Wurstsemmel vernichtenden »Kommissar Rex« der Fall ist. Sein erstes Herrl hieß in der TV-Serie Richard »Richie« Moser.

Frage 5: Wer spielte Richie Moser?

*

Inspektor Columbo dagegen gönnt seinem Hund – einem nicht enden wollenden Bassett – nur kurze Auftritte.

Frage 6: Wie ruft Columbo seinen Bassett?

*

Auch Zivilfahnder Thomas Dooley alias James Belushi vom Rauschgiftdezernat San Diego vertraut bei seinen chaotischen Ermittlungen auf seinen »Partner mit der kalten Schnauze«. Der deutsche Schäfer trägt nicht zufällig die beiden Vornamen eines Rock'n'Roll-Musikers, der auch »The Killer« genannt wurde.

Frage 7: Wie heißt der Musiker?

*

Es wird heißer und die Fragen werden kürzer. Ein kleines Bier zur Erfrischung und zurück zu den »Hundstagen«.

Frage 8: Welcher österreichische Regisseur drehte diesen semidokumentarischen Film?

*

»Hundejahre« heißt der dritte, »Katz und Maus« der zweite Teil.

Frage 9: Welches Instrument wird laut Titel im ersten und bekanntesten Teil der »Danziger Trilogie« gespielt?

*

Frage 10: Wer träumt von einem kuscheligen Dalmatinerfellmantel?

Frage 11: Und wer steckt im Pudel?

*

Zum Schluss eine hundsgemeine Frage: Wider besseres Wissen führt man eine gebotene Tätigkeit nicht aus, weil man sich nicht dazu aufraffen kann.

Frage 12: Welche Hunderasse wird dafür verantwortlich gemacht?

Auflösung:

1) Sirius (der hellste Stern am Nachthimmel, Hauptstern des Sternbildes des Großen Hundes)
2) Charon statt Lethe: Lethe ist der Fluss des Vergessens, aus dem die Seelen der Verstorbenen trinken. Der Fährmann heißt Charon.
   Orpheus statt Eurydike: Zerberus wurde nicht von Eurydikes Gesang, sondern von Orpheus' Leierspiel besänftigt.
   Herakles statt Odysseus: Nicht Odysseus bezwang Zerberus, sondern Herakles. Es war dessen 12. Aufgabe.
3) Argos oder Argus (Hund des Odysseus und der Riese Argos/Argus). Es schlief immer nur eines seiner hundert Augenpaare.)
4) Lord Byron
5) Tobias Moretti
6) Hund
7) Jerry Lee Lewis
8) Ulrich Seidl
9) »Die Blechtrommel« (von Günter Grass)
10) Cruella DeVil (gespielt von Glenn Close, im Film »101 Dalmatiner«)
11) Mephistopheles (in Goethe: Faust I, Studierzimmer. Faust: »Das also war des Pudels Kern!«)
12) der innere Schweinehund

Friedenskämpfer, Gipfelstürmer, Brückenbauer

»*Antworten sind die Verhinderung von Fragen*«, diagnostiziert Günther Anders in seinen »Ketzereien«. In diesem Sinne äußerten sich immer wieder nicht nur ketzerische Geister. Die deutsche Filmemacherin Doris Dörrie hatte 2003 in ihrer Dankesrede für den Preis für deutschsprachige Belletristik zwei große Denker zum Thema Krieg zitiert: »*Es gäbe genug Geld, genug Arbeit, genug zu essen, wenn wir die Reichtümer der Welt richtig verteilen würden, statt uns zu Sklaven starrer Wirtschaftsdoktrinen oder -traditionen zu machen. Vor allem aber dürfen wir nicht zulassen, dass unsere Gedanken und Bemühungen von konstruktiver Arbeit abgehalten und für die Vorbereitung eines neuen Krieges missbraucht werden. Ich bin der gleichen Meinung wie der große Amerikaner Benjamin Franklin, der sagte: Es hat niemals einen guten Krieg und niemals einen schlechten Frieden gegeben.*« Doris Dörrie hat hier ein Zitat eines Zitats zitiert.

Frage 1: Welcher Naturwissenschafter und deklarierte Pazifist hat hier auf Benjamin Franklin zurückgegriffen?

*

In vielen Reden wird gern das »*Prinzip Hoffnung*« beschworen.

Frage 2: Wer hat das viel zitierte »Prinzip Hoffnung« in seinem Hauptwerk postuliert?

*

Der gesuchte Philosoph hat 1934/35 in Paris dem Kreis um den Dramatiker und Mitbegründer des Dadaismus, Hugo Ball, angehört. Als Geburtsstätte des Dadaismus gilt ein Lokal in Zürich. Hugo Ball, Emmy Hennings, Hans Arp, Tristan Tzara und Marcel Janco starteten am 5. Februar 1916 in ihrer »Künstlerkneipe« den Cabaret-Betrieb. Sie benannten ihren noch heute existierenden Spielort nach einem aufklärerischen Autor, der mit bürgerlichem Namen François-Marie Arouet hieß.

Frage 3: Wie heißt die Geburtsstätte des Dadaismus?

*

Jetzt suchen wir jenen Ort, an dem Hermann Hesse 1906 bei einer Alkohol-Entziehungskur auf Dadaisten, Pazifisten, Feministinnen, Vegetarier und Nudisten getroffen ist.

Frage 4: Wie heißt der Berg?

*

Stichwort Berg: Am 29. Mai 1953 standen Edmund Hillary und der Sherpa Tenzing Norgay als erste Menschen auf dem höchsten Punkt der Erde, auf dem Gipfel des Mount Everest. Und 25 Jahre später, am 8. Mai 1978, gelang es Reinhold

Messner und Peter Habeler, den Everest erstmals ohne Sauerstoffgeräte zu bezwingen. Kein Kulturthema?
Den Gipfelerfolg des Neuseeländers Hillary – es war eine britische Expedition – hatte über BBC ein Dr. Charles … (der Nachname sei nicht verraten) verkündet. Der Mann war Arzt, Bergsteiger und Himalaja-Kenner. Und er war auch der Bruder eines berühmten englischen Romanciers. Beider Großonkel wiederum ist der »Schatzinsel«-Autor Robert Louis Stevenson. Noch ein Hinweis: Der literarisch produktive Bruder des »Dr. Charles« hat in einem seiner bekanntesten Werke einige ungemütliche Wiener Schauplätze zum spannenden Ort des Geschehens gemacht.

Frage 5: Wie heißen die Brüder mit Nachnamen?

*

Ein anderer britischer Bergsteiger, George Mallory, war die treibende Kraft der ersten Everest-Expeditionen in den 1920er Jahren. Seine Besessenheit für den Berg erklärte er so: »*Weil er da ist.*« Mallory stand einem legendären Künstlerkreis nahe, dem auch die Autorin von »Orlando« und »Ein Zimmer für sich allein« führend angehörte. Der Name dieses Zirkels ist identisch mit dem Namen eines Londoner Nobel-Stadtteils, in dem die Schriftstellerin wohnte.

Frage 6: Wie nannte sich diese Künstlergruppe?

*

Hoch hinaus wollte auch ein berühmter Brückenbauer und Bahnhofsarchitekt. Er entwarf die Schleusen des Panamakanals und die Stahlkonstruktion für die Freiheitsstatue. Außerdem führte er aerodynamische Experimente durch.

Frage 7: Wer war's?

*

Bei einer Brücke der kleinen französischen Stadt Créteil stellte 1883 ein Maler seine Staffelei auf und malte die »Landschaft mit Brücke«. Der gleiche Künstler malte auch folgendes Motiv: Männer an einem Tisch, sie tragen Hüte, manche rauchen Pfeifen.

Frage 8: Was halten die Männer in Händen?

Auflösung:

1) Albert Einstein (in der Schrift »Für einen militanten Pazifismus«)
2) Ernst Bloch (deutscher Philosoph)
3) »Cabaret Voltaire«
4) Monte Verità (im Schweizer Tessin)
5) Greene (»Der dritte Mann« von Graham Greene spielt im Nachkriegs-Wien. Der Stoff wurde von Carol Reed verfilmt.)
6) Bloomsbury Group (die Autorin ist Virginia Woolf)
7) Gustave Eiffel
8) Spielkarten (Paul Cézanne: »Die Kartenspieler«)

Unterricht in Liebes- und anderen Sachen

»Älter werde ich stets, niemals doch lerne ich aus«, prägte Solon sich und seinen Schülern ein. Protaximenes zeigt vorwitzig auf und zieht augenzwinkernd die pädagogisch-geriatrisch nicht unplausible Schlussfolgerung: »Je länger ich lerne, desto älter werde ich.« Drücken wir also noch einmal die Schulbank:

»Also lautet ein Beschluss,
Dass der Mensch was lernen muss.
Nicht allein das Abc
Bringt den Menschen in die Höh;
...
Sondern auch der Weisheit Lehren
Muss man mit Vergnügen hören.
Dass dies mit Verstand geschah,
War Herr Lehrer Lämpel da.«

Frage 1: Der gute Lämpel war ein musischer Mensch. Welches Instrument beherrschte er?

*

Um etwas wirklich zu beherrschen, will es auch gelernt sein. Zum Beispiel das:

lang lang – kurz kurz lang – kurz kurz lang
lang lang – kurz kurz lang – kurz kurz lang

Manche werden es aber nie lernen, ihnen fehlt einfach das Rhythmusgefühl.

Frage 2: Was wird getanzt?

*

Dustin Hoffman als College-Schüler.

Frage 3: Was legte Dustin Hoffman, stimmungsmäßig unterstützt von Simon & Garfunkel, bei Mrs. Robinson alias Anne Bancroft in aller Stille ab?

*

Ja, ja – wo die Liebe hinfällt: »*Die Königstochter Psyche war so schön, dass die Menschen ihr und nicht mehr der Liebesgöttin Aphrodite huldigten. Deshalb befahl die Göttin ihrem Sohn, die Nebenbuhlerin in ein hässliches Geschöpf zu verwandeln. Doch der Sohn verliebte sich beim ersten Anblick in Psyche und konnte den Befehl seiner Mutter nicht ausführen.*«

Frage 4: Womit war der Sohn bewaffnet?

*

Viele hat er, der Sohn, verwundet. Seine Opfer zeigen unterschiedliche Symptome. Diese äußern sich bisweilen in hektischer Betriebsamkeit, verbunden mit einer Insuffizienz des Sprachapparats:

Er: pa – pa pa
Sie: pa – pa pa
Er: pa pa pa pa
Sie: pa pa pa pa
Er: pa pa pa pa pa pa pa pa
Sie: pa pa pa pa pa pa pa pa

Frage 5: Wer umschwärmt hier wen?

*

Der beschriebene Zustand kann unwissenschaftlich als spontane Verliebtheit bezeichnet werden, die unverzüglich in Anbahnungsgespräche mündet. Im Volksmund ausgedrückt: Es wird ganz ordentlich »gebraten«. Als klassisches Beispiel ein Bratmeister, der es faustdick hinter den Ohren hat:

Er: Ein Blick von dir, ein Wort mehr unterhält als alle Weisheit dieser Welt.
Sie: Inkommodiert Euch nicht!

Frage 6: Wer »brät« hier wen an?

*

Und dieser Herr weiß aus tausendfacher Erfahrung, wie's geht. Das Erfolgsrezept: Nicht lang gefackelt, gleich ran, das wirkt: *»Reich mir die Hand, mein Leben.«*

Frage 7: Wer ersucht hier wen um die Hand?

*

Der kleine Finger ist dem Verführer zu wenig. An einem anderen können sich alle Abgewiesenen aufrichten: Kein Grund, ins Wasser zu gehen! Hartnäckig bleiben, dann kommt man ans Ziel:

»Königstochter, jüngste,
mach mir auf,
weißt du nicht, was gestern
du zu mir gesagt
bei dem kühlen Brunnenwasser?
Königstochter, jüngste,
mach mir auf.«

Frage 8: Wer will hinein?

*

Kompliziert, ja geradezu verwirrend wird es, wenn mehrere Personen gleichzeitig und wechselseitig sich in der Kunst des Bratens versuchen:
Die Schlossherrin (Sopran), ehemals Mündel und Angebetete des Arztes (Bass), liebt den Schlossherrn (Bariton). Dieser stellt dem Kammermädchen (Sopran) nach, sie bleibt jedoch dem Kammerdiener (Bass) treu. Die Beschließerin

(Alt) hat ein Auge auf den Kammerdiener geworfen, bekommt von diesem aber einen Korb. Unklar ist, wen die Gärtnerstochter (Sopran) und der Musikmeister (Tenor) ins Herz geschlossen haben.

Frage 9: Bleibt eine Person (Sopran!), die in die Schlossherrin und in die Gärtnerstochter verliebt ist, nämlich?

*

Was tun, wenn die Liebe geheim, unerhört oder der/die Geliebte fern und das Herz voll ist? Man wendet sich vertrauensvoll an sein Tagebuch: *»Ihre Augen sind verschleiert. Sie leuchten nur, wenn ich Klavier spiele. Dann wird die Welt hell und schön. Meine Finger gleiten sanft über die Tasten, während ihre Feder über das Papier fließt. Sie schreibt, während ich für sie spiele. Für dich, Aurore, könnte ich alle Erniedrigungen erdulden, nichts wäre mir zu viel, alles möchte ich dir schenken.«*

Frage 10: Unter welchem Namen wurde die »Morgenröte« bekannt, und wer will ihr hörig sein?

Auflösung:

1) Orgel (Lämpel ist bei Wilhelm Busch der Lehrer von »Max und Moritz«)
2) Tango (es geht weiter mit: *lang lang / Wie-ge-schritt / rück seit Schluss / lang lang / Wie-ge-schritt / rück seit Schluss*)
3) »Die Reifeprüfung« (im gleichnamigen Film von 1967 mit Musik von Simon & Garfunkel: The Sound of Silence)
4) Pfeil und Bogen (es ist Amor)
5) Papageno die Papagena (in Mozarts »Zauberflöte«)
6) Faust probiert's bei Gretchen (Goethe)
7) Don Giovanni betört Zerlina (bei Mozart)
8) Froschkönig (Brüder Grimm)
9) Cherubino (Mozart: »Le nozze di Figaro«)
10) George Sand (der bürgerliche Name der Schriftstellerin lautete Amandine Aurore Lucie Baronne de Dudevant geb. Dupin. Die Eintragung findet sich im Tagebuch von Frédéric Chopin.)

Kunstvolle Rochaden

Der Hit »One Night in Bangkok« stammt aus dem Musical »Chess«. Die Musik schrieben Benny Andersson und Björn Ulvaeus.

Frage 1: Welcher Popgruppe gehörten Benny und Björn an?

*

Im Pariser »Café de la Régence« spielte er gegen Philidor, den bedeutendsten Schachspieler des 18. Jahrhunderts. François-André Danican Philidor – er war auch Komponist – schrieb Schachanleitungen, sein schwacher Gegner einen Erziehungsroman und aufklärerische Werke.

Frage 2: Wer klagt in seinen »Confessiones« über die bitteren Niederlagen beim Schachspielen?

*

Der blinde US-Amerikaner Paul Morphy galt um 1860 als stärkster Schachspieler seiner Zeit. Mit 30 zog er sich vom

Schach zurück, wahnsinnig geworden und vereinsamt starb er mit 47. Nicht zufällig ähnlich, nämlich »Murphy«, heißt der Erstlingsroman eines Literaturnobelpreisträgers. In diesem Werk wird eine absurde Schachpartie gespielt, die mit den Worten beginnt: *»Mr. Endon nahm immer die schwarzen Figuren. Wenn man ihm die weißen vorsetzte, verfiel er, ohne das geringste Zeichen von Verdruss, einem leichten Stumpfsinn.«* Rund 20 Jahre später schrieb der gleiche Autor das »Endspiel«.

Frage 3: Wer ist dieser Schriftsteller
und Schachfreund?

Vor 300 Jahren betrug er etwa 415, ein Jahrhundert später schon über 420 und 1939 wurde er bei einer internationalen Konferenz mit 440 festgesetzt.

Frage 4: Was ist gemeint?

*

Um das Jahr 1000 zeigte der Mönch Guido da Pomposa seinen Schülern die Tonhöhen auf den Fingergliedern an. Dann drehte er die fünf Finger seiner Hand von der Horizontalen in die Vertikale.

Frage 5: Das war der Ausgangspunkt
für welche Erfindung?

*

Die deutschen Besatzer in Paris verboten Jazz-Konzerte. Daraufhin wurden Kellerlokale mit Grammophon und Lautsprechern ausgestattet, so dass man hier Jazz-Platten hören konnte.

Frage 6: Welches heute noch gebräuchliche Wort
prägten die Pariser für solche Lokale?

Farbenspiele

Das U-Boot fuhr durch das Meer der Zeit, der Musik, der Wissenschaft, der Monster, der Konsumgüter, des Nirgendwo, der grünen Phrenologie und der Löcher.

Frage 7: Welche Farbe hatte das U-Boot?

*

In Khartum kommen Weiß und Blau zusammen.

Frage 8: Was vereinigt sich?

*

Er heißt sowohl »rot« als auch »schön«, seine Mauern und Türme waren aber früher weiß. Seinen Namen erhielt er im 15. Jahrhundert. Er war Hinrichtungsstätte, Begräbnisstätte, Handels-, Parade- und einmal sogar Landeplatz.

Frage 9: In welcher Stadt befindet sich dieser Platz?

Auflösung:

1) Abba
2) Jean Jacques Rousseau
3) Samuel Beckett
4) Kammerton (440 Hertz nach ISO 16)
5) Notenlinien
6) discothèque (Diskothek)
7) Gelb. »Yellow Submarine«, das 11. Album der Beatles mit der Musik zum gleichnamigen Zeichentrickfilm (1968) von Heinz Edelmann.
8) Der Weiße und der Blaue Nil fließen in der sudanesischen Hauptstadt zusammen.
9) Moskau. Der Name des »Roten Platzes« (Krasnaja Ploschtschad) hatte keine politische Bedeutung. Die Bezeichnung führt ins 15. Jahrhundert zurück und bedeutet eigentlich »Schöner Platz«.

Traumhafte Fragen

Der Volksmund ist wie immer skeptisch: »*Träume sind Schäume.*« Andererseits heißt es in populärer Abwandlung eines Bibelzitats (AT, Psalm 127): »*Den Seinen gibt's der Herr im Schlaf.*« So manches Kunstwerk – ein Bild, eine Komposition, eine Roman-Handlung – soll dem Urheber ja im Schlaf eingefallen sein. Für dieses Phänomen hatte schon Augustinus eine einfache Erklärung: »*Im Schlaf pflegt das wiederzukommen, was untertags jemand beschäftigt hat.*« Sigmund Freud sprach von Traum-Arbeit und meinte, alle Träume seien Wunschträume. Zwei Fälle von »Traum-Arbeit«:

Elias Howe sah sich im Traum von einem nackten, mit einem Speer bewaffneten Eingeborenen verfolgt. Trotz der Angst fiel ihm ein merkwürdiges Detail auf. Der Speer hatte knapp unterhalb der Spitze ein Loch. Nach dem Erwachen überlegte Elias Howe, was mit dem Loch an der Spitze anzufangen sei.

Frage 1: Was hatte Elias Howe erfunden?

*

»Flagpainting« nannte Jasper Johns sein Bild, das aus einem Traum entstanden war.

Frage 2: Die Flagge welchen Staates sieht man darauf?

*

Kunst und Traum – ein unerschöpfliches Thema:

»Sterben – schlafen –
Schlafen – vielleicht auch träumen, – ja, das ist's;
Der Zweifel, was im Todesschlaf wir träumen,
Wenn dem Tumult der Erde wir entwischt,
Gebeut uns Halt und heischt die Überlegung,
Die langes Leben unsrem Jammer leiht.«

Frage 3: Berühmte Worte, wer spricht sie?

*

»Jede Nacht besucht uns ein Traum«, betitelt ein »Albtraummaler« eine seiner Tuschezeichnungen. 1908 schreibt er in nur acht Wochen seinen Roman »Die andere Seite«, in weiteren vier Wochen illustriert er das Werk. Der Erzähler erlebt drei grauenhafte Jahre in dem Traumreich Perle. Die Stadt Perle ist in gleichförmiges Grau getaucht. Sonne, Mond und Sterne sind nie zu sehen.

Frage 4: Wer ist der dichtende Zeichner?

*

Ein anderer schuf die illustrierte Versdichtung »Die träumenden Knaben« und malte seine »Windsbraut«.

Frage 5: Wer ist dieser expressionistische Maler und Autor?

*

Während eines Wirbelsturmes wird Dorothy bewusstlos. Sie träumt, ihr Haus würde in ein buntes Zauberland verwandelt. Sie ist auf dem Weg zu einem Zauberer.

Frage 6: Wohin begibt sich Dorothy?

*

Am Ende des Traumes, nach gefochtener Schlacht der Spielzeugsoldaten, wird Klara mit ihrem Prinzen ins Reich der Süßigkeiten reisen. Am Anfang des Traumes erscheint ihr der Prinz.

Frage 7: Der Prinz war ursprünglich welcher Hausratsgegenstand?

*

Und da träumt einer, dass er nicht schlafen kann. Oder: er kann nicht schlafen und träumt davon, dass ihn der Mond auf seine Reise mitnimmt. Er rollt in seinem Bettchen durch die Stadt, steigt in den Himmel, höher und immer höher. Theodor Storm hat den Traum erdacht.

Frage 8: Wie heißt der kleine, mondsüchtige Nachtschwärmer?

*

Später wird er vielleicht von seiner Traumfrau träumen. Dudley Moore hatte diesbezüglich eine strenge Wertung. Bo Derek erhielt von ihm 10 Punkte.

Frage 9: In welchem Film?

*

Der Traum von der Traumfrau erlebt seinen logischen Höhepunkt in der Traumhochzeit. Ein Duett:

Er: Wer hat uns getraut? Ei sprich!
Sie: Sag du's!
Er: Der Dompfaff, der hat uns getraut!
Alle: Der Dompfaff, der hat sie getraut! Ja, ja!
Er: Im Dom, der uns zu Häupten blaut!
Sie: O seht doch, wie herrlich, voll Glanz ihr Majestät!
Er: Mit Sternengold, mit Sternengold, so weit ihr schaut, besät!

Frage 10: Wer waren die Trauzeugen?

*

Eine andere Traum-Hochzeit: Im März 1968 gaben sich in Gibraltar eine japanische Konzeptkünstlerin und ein Brite aus der Musikbranche das Jawort.

Frage 11: Wer war der Bräutigam?

*

Bevor zum Traualtar geschritten wird, erfolgt zwecks Auswahl passender Ringe der Schritt ins Schmuckgeschäft. »Tiffany's« auf der Fifth Avenue in New York ist diesbezüglich eine erste Adresse. Audrey Hepburn gustierte hier in einem Filmklassiker aus dem Jahr 1961 das exklusive Angebot.

Frage 12: Wer schrieb die literarische Vorlage zu »Frühstück bei Tiffany«?

*

Zurück zum Start: »Träume sind Schäume.«

Frage 13: Wie heißt die Schaumgeborene?

Auflösung:

1) Eine spezielle Nähnadel, die Doppelstepp-Stichmaschine. (Bei einem Wettbewerb gegen geübte Handnäherinnen brachten es die Frauen auf 50 Stiche pro Minute, seine Maschine jedoch auf 300. Dennoch fand Howe keinen Käufer. Patentiert wurde die Maschine schließlich 1846 in London auf den Namen eines W. Thomas.)
2) die Flagge der USA
3) Hamlet
4) Alfred Kubin
5) Oskar Kokoschka
6) nach Oz (im Film »The Wizard of Oz« mit Judy Garland)
7) ein Nussknacker (im Märchen »Nussknacker und Mäusekönig« von E. T. A. Hoffmann)
8) (Der kleine) Häwelmann
9) »Die Traumfrau« (Regie: Blake Edwards)
10) zwei Störche (im »Zigeunerbaron« von Johann Strauß:
Barinkay: *Wer Zeuge war? Ei sprich! –*
Saffi: *Sag du's!*
Barinka: *Zwei Störche, die klapperten laut –*
Alle: *Zwei Störche, die klapperten laut! Ja, ja!*
Barinka: *Das Storchenpaar hat zugeschaut. …*
Alle: *Vergesst nie, dass oft der Storch*
Das Glück ins Haus gebracht,
Wo Liebe, – ja Liebe
Daheim – die Himmelsmacht!)
11) John Lennon heiratete Yoko Ono
12) Truman Capote
13) Aphrodite

Mehr als eine Frage der Zeit

»Wissen ist kostbar für uns, denn wir werden nie die Zeit haben, es zu vollenden.« Eine Weisheit des bengalischen Literatur-Nobelpreisträgers Rabíndranáth Thákhur (Tagore), die Quiz-KandidatInnen gut nachvollziehen können. Man hat nur wenige Sekunden Zeit, um die *»kleinen grauen Zellen«* nach den richtigen Informationen suchen zu lassen. Der Adrenalinspiegel steigt. Innerer Monolog: »Ja, ich erinnere mich. Wie war doch bloß der Name? Schnell, schnell, die Zeit ist gleich um. Es liegt mir auf der Zunge.« Man steht unter Stress. Und unter Stress können haarsträubende Fehler auftreten oder Höchstleistungen vollbracht werden. In Zeitnot passieren eben die seltsamsten Dinge. Eine kleine Aufwärmrunde?

Frage 1: »Zeitnot« – dieser schöne deutsche Begriff hat sich unübersetzt in welcher Sportart international durchgesetzt?

*

Die *»kleinen grauen Zellen«* haben sicher schnell die schwarz-weiße Lösung gefunden. Apropos: Der literarische Typ, der fast zwanghaft von seinen *»kleinen grauen Zellen«* spricht, benutzt sie vornehmlich, um Gesetzesbrecher in ebendiese zu bringen. Der schlaue Denker ist klein und rundlich, sein Vorname leitet sich jedoch von einem antiken Muskelprotz ab.

Frage 2: Wie heißt der Gangsterschreck?

*

Jetzt wäre das Stichwort für den Auftritt von Protaximenes gefallen. Wo bleibt denn unser Haus-Philosoph? Sonst drängt er sich eitel und ungerufen in den Vordergrund. Ah, da kommt er atemlos mit gerafftem Umhang herbeigeeilt: »Wahnsinn, so ein Stau! Zum Glück noch geschafft. Denn, wie mich später Bill Gates zitieren wird: ›*Wer zu spät kommt, den bestraft das Leben!*‹ Aber ich muss schon wieder weg, sonst komm ich zu spät ins Kino!« Da hat er sich noch einmal geirrt, der eilige Protaximenes.

Frage 3: Was stimmt nicht?

*

Folgen wir Protaximenes heimlich in die Lichtspielanstalt. Was sieht er sich an? Einen Problem-Western-Krimi mit prominenter Besetzung, in dem sich alles um den richtigen Zeitpunkt dreht. Die Inhaltsangabe:
»Drei Mitglieder einer Bande stehen in der prallen Mittagssonne am Bahnhof und warten auf den Zug, während Gary Cooper, der sie in nur einer Stunde töten wird, gerade heiratet. Im Zug sitzt eine ältere, aber sehr scharfsinnige Dame, die zufällig Zeugin eines Mordes wird. In den darauf folgenden Ermittlungen wird sie immer wieder mit dem juristi-

schen Prinzip konfrontiert: Wo kein Opfer, da kein Täter. Schließlich findet sie beide, Opfer und Täter, bei Ackenthorpe Hall. Die Bande hat ihren Anführer (Malcolm McDowell) verraten. Während sie zu Prügelpolizisten mutieren, unterzieht er sich einer Kur gegen Gewalt. Gary Cooper kehrt zurück. Seinerseits zum Republikaner mutiert, beschäftigt er sich mit der Sprengung einer Brücke – tatkräftig unterstützt von Ingrid Bergman, die der Autor der Romanvorlage persönlich für die Rolle ausgewählt hat.«

Frage 4: Der Stoff kommt uns bekannt vor. Protaximenes hat sich eine Low-Budget-Produktion angesehen, in der gleich vier ältere Filme verarbeitet wurden – welche?

*

Wir verzichten auf die Kinovorstellung – die Originale sind uns lieber – und besuchen stattdessen eine Bühne. Leider verspäten wir uns. Als wir eintreten, macht sich gerade eine vornehme Dame Gedanken über die Zeit:

»Die Zeit, die ist ein sonderbars Ding. Wenn man so hinlebt, ist sie rein gar nichts. Aber dann auf einmal, da spürt man nichts als sie: sie ist um uns herum, sie ist auch in uns drinnen. In den Gesichtern rieselt sie, im Spiegel da rieselt sie, in meinen Schläfen fließt sie. Und zwischen mir und dir da fließt sie wieder. Lautlos, wie eine Sanduhr. Manchmal hör ich sie fließen unaufhaltsam. Manchmal steh ich auf, mitten in der Nacht, und lass die Uhren alle, alle stehen.«

Ratlos? Die Frage ist der Fingerzeig:

Frage 5: Welchen militärischen Rang hatte der Ehemann dieser Dame?

*

Die Zeit drängt, noch eine letzte Frage. Diesmal ist der Name der Fingerzeig: Die Zeit hat es nicht. Sein wohl bekanntestes Kinderbuch hat es laut Titel auch nicht. Das hat nichts damit zu tun, dass Zeitdiebe unterwegs waren, das ist nämlich eine andere Geschichte.

Frage 6: Wer ist der Autor?

Auflösung:

1) Schach
2) Hercule Poirot (Agatha Christies Privatdetektiv)
3) Das Zitat »*Wer zu spät kommt, den bestraft das Leben!*« stammt nicht von Bill Gates, sondern von Michail Gorbatschow (1989 beim Besuch in der DDR).
4) »Zwölf Uhr mittags« (»High Noon«, Fred Zinnemann, mit Gary Cooper und Grace Kelly), »16:50 ab Paddington« (Agatha Christie-Verfilmung mit Margaret Rutherford als Miss Marple), »Uhrwerk Orange« (Stanley Kubrick, mit Malcolm McDowell), »Wem die Stunde schlägt« (Sam Wood, mit Gary Cooper und Ingrid Bergman)
5) Feldmarschall (Die Dame ist die Marschallin in Hugo von Hofmannsthals »Rosenkavalier«.)
6) Michael Ende (»Die unendliche Geschichte« und »Momo«, die Geschichte von den Zeitdieben)

Zug um Zug: ein Schach-Spiel

»Dies Spiel ist ein Probierstein des Gehirns«, sinniert unser Quiz-Philosoph. Skrupellos, wie Protaximenes nun einmal ist, hat er sich bei einem Klassiker bedient. Den Satz sagt Adelheid zum Bischof vom Bamberg – und setzt ihn matt.

Frage 1: Von Schach ist die Rede, aber in welchem raubritterlichen Stück?

*

Falsch geraten? Nur zu menschlich, denn: *»Die Fehler sind da«*, erkannte der österreichische Schachgroßmeister und mindestens ebenso große Aphoristiker Savielly Tartakower, *»die Fehler sind da, sie brauchen nur gemacht zu werden.«* Und, so Tartakowers Weisheit letzter Schluss: *»Der vorletzte Fehler gewinnt.«* Also her mit Brett und Figuren. Zuvor vielleicht noch ein Blick in die (Schach-)Literatur: *»Erst allmählich enträtselte ich, dass die Buchstaben a, b, c für die Längsreihen, die Ziffern 1 bis 8 für die Querreihen eingesetzt waren und den jeweiligen Stand jeder einzelnen Figur bestimmten. Vielleicht, überlegte ich, könnte ich mir in meiner Zelle eine Art Schachbrett konstruieren und dann versuchen, diese Partien nachzuspielen; wie ein himmlischer Wink erschien es mir, dass mein Betttuch sich zufällig als grob kariert erwies. Ich versteckte also zunächst das*

Buch unter der Matratze und riss die erste Seite heraus.« Jetzt braucht er noch Schachfiguren.

Frage 2: Aus welchem Material formte der Erzähler die Schachfiguren?

*

»Im Schachspiel offenbart sich durchaus, ob jemand Fantasie und Initiative besitzt oder nicht.« Sprach's und schrieb ein Gedicht, das angeblich eine Schachpartie wiedergibt:

Kroklokwafzi? Semememi!
Seiokrontro – prafriplo:
Bifzi, bafzi; hulalemi:

Über die Züge selbst kann nur gerätselt werden, der schach- und sprachspielende Dichter aber ist bestens bekannt.

Frage 3: Wer schrieb »Das große Lalula«?

*

Hollywoodstar Humphrey Bogart war begeisterter Schachspieler. Einmal trotzte er Großmeister Samuel Reshevsky ein Remis ab. Unwahr ist, dass Bogart deshalb das Zitat *»Spiel's noch einmal, Sam!«* in die Filmszene in Rick's Café reklamierte. Wahr ist, dass ein Verehrer Bogarts »Play it again, Sam« drehte und über sich sagte: *»Ich war zu klein für die Schach-Schülermannschaft.«*

Frage 4: Welcher Regisseur durfte demnach nicht ans Holzbrett?

»Das Schachspiel nimmt den ersten Platz in meinem Alphabet der Kunst ein«, bekannte Victor Vasarely. In einer Schaffensperiode konzentrierte er sich auf die Gegensätze »schwarz und weiß« und entwarf geometrisch-abstrakte Muster.

Frage 5: Vasarely gilt als einer der wichtigsten Vertreter welcher Kunstrichtung?

*

Marcel Duchamp spielte 1928 für Frankreich bei der Schach-Olympiade. Duchamp hat ein bislang nicht vollkommen enträtseltes Schach-Problem erdacht und ein Taschen-Schach entworfen. Nicht erfolgreich war die Idee des künstlerischen Vorreiters, Armbänder und Krawattennadeln zu verkaufen, auf denen programmatisch vier Buchstaben eingeprägt waren.

Frage 6: Die vier Buchstaben stehen für eine Kunstrichtung, welche?

*

»Schach ist eine Übung der Denkfähigkeit und der Erfindungsgabe«, konstatierte Leibniz. Der Mathematiker und Philosoph erfand eine Rechenmethode und eine Rechenmaschine. Leibniz führte alles auf kleine, für sich selbst seiende Teilchen zurück.

Frage 7: Wie nannte Leibniz diese Teilchen?

*

Ein anderer Denker nahm sich die Freiheit und fand des Öfteren einen zureichenden Grund, um eine Partie Schach zu spielen. Über die 64 Felder in die Welt hinausblickend, hatte er den Willen zu folgender Vorstellung: *»Das Schachspiel übertrifft alle anderen Spiele so weit wie der Chimborasso einen Misthaufen.«*

Frage 8: Von welchem Philosophen stammt dieses Zitat?

Auflösung:

1) Götz von Berlichingen, 2. Akt (Goethe)
2) aus Brot (»Schachnovelle« von Stefan Zweig)
3) Christian Morgenstern (»Das große Lalula«)
4) Woody Allen, er drehte u.a. »Play it again, Sam«
5) Op-Art
6) Dada
7) Monaden
8) Arthur Schopenhauer. In der Frage sind Anspielungen auf die Werke »Über die Freiheit des menschlichen Willens«, »Die Welt als Wille und Vorstellung« und Schopenhauers »Satz vom zureichenden Grunde« versteckt.

Literaten auf Reisen

Frage 1: Wer brach 1786 von Karlsbad nach Italien auf?

*

Frage 2: In seinen Reisenotizen schreibt er über sein Elefanten-Polo-Spiel in Mysore, seine Begegnung mit Nelson Mandela, seine Prokofieff-Inszenierung am Bolschoi-Theater in Moskau und über seine Rede zur Wiedereröffnung der unter Kaiser Nero erbauten Villa Aurora. Welcher vielbegabte Kosmopolit ist der Autor?

*

Frage 3: Der in Paris lebende Autor – er hat hier eher schrille, denn stille Tage verbracht – reist 1934 in seine ungeliebte Heimatstadt. Wer notiert in seiner »Reise nach New York«: *»Amerika ist ein Misthaufen. Aber klimatisiert.«*

Märchenhaft zitiert

»Es war einmal ein Prinz, der wollte eine Prinzessin heiraten. Aber das sollte eine wirkliche Prinzessin sein. Da reiste er in der ganzen Welt herum, um eine solche zu finden, aber überall fehlte etwas.« Die Mutter fand schließlich doch eine Frau für den eigensinnigen Sohn.

Frage 4: Mit welchem Testgerät?

*

»Der Wind, der Wind, das himmlische Kind«, antworten die zwei Kinder.

Frage 5: Wer hat die Frage gestellt?

*

»Etwas Besseres als den Tod finden wir überall«, meinten die vier Musiker und gingen auf Tournee.

Frage 6: Unter welchem Namen traten sie auf?

Seltsame Bären und bedrohte Exoten

Frage 7: Was frisst das Wappentier der internationalen Naturschutzorganisation WWF am liebsten und fast ausschließlich?

*

Bären, die keine sind.

Frage 8: Brauner Bär, Graubär, Gletscherbär, Stachelbeerbär, Gelber Fleckleibbär, Gestreifter Grasbär und Zimtbär sind Arctiinae und gehören damit welcher farbenprächtigen Tierordnung an (deutsche Bezeichnung)?

*

Er war General und Forschungsreisender im Dienst des russischen Zaren. In den 1870er Jahren entdeckte er in der Mongolei eine seltene Wildpferdrasse, die nach ihm benannt wurde.

Frage 9: Wie hieß er?

Auflösung:

1) J. W. Goethe
2) Peter Ustinov (»Die Reisen des Sir Peter«). Ustinov spielte im Film »Quo vadis?« Kaiser Nero.
3) Henry Miller. In dem Roman: »Stille Tage in Clichy«
4) Mit einer Erbse. »Die Prinzessin auf der Erbse« von Hans Christian Andersen
5) Die Hexe. Die Frage an Hänsel und Gretel lautete: *»Knusper, knusper, Knäuschen, wer knuspert an meinem Häuschen?«*
6) Bremer Stadtmusikanten (Brüder Grimm)
7) Bambus (der Große Panda)
8) Schmetterlinge (Lepidoptera)
9) Nikolai Mikhailowich Przewalski. Das Przewalski-Pferd ist um 1967 in freier Wildbahn ausgestorben. Um 1900 waren jedoch 12 reine Wildpferde nach Polen gebracht worden, deren Weiterzüchtung zu einem heutigen Bestand von etwa 2000 Pferden geführt hat.

Goldene, neugierige und vegetarische Nasen

»Überall müssen sie ihre Nase hineinstecken, diese aufdringlichen Gesellschaftsreporter.« Wir wundern uns. Protaximenes, der sonst jede Gelegenheit nützt – auch solche, die er gar nicht hat –, um sich ins rechte Bild zu rücken, beschwert sich über Klatschkolumnisten: »Unlängst wollte einer von mir wissen, was ich unter meinem Chiton trage. Ich antwortete standesgemäß mit einem Zitat: ›Wovon man nicht sprechen kann, darüber muss man schweigen.‹ Logisch. ... Der Schnösel weiß sicher nicht, welchen Kollegen ich da zitiert habe.«

Frage 1: Wen zitierte Protaximenes?

*

Wir wollen es nicht verschweigen: Auch das Quiz-Team hatte einmal seine Nasen in fremde Angelegenheiten gesteckt und sich in Paparazzi-Manier unter die High Society gemischt. Wir wollten wissen, wie das so ist, wenn man sich mit einem guten Riecher eine goldene Nase verdient. Auf einer Nobelparty haben wir drei Männer beim Smalltalk am Poolrand belauscht. Der eine klein, gedrungen, mit Zylinder und Stock, der zweite im eleganten weißen Anzug und mit Schirmkappe. Der dritte, lässig nur mit einem Umhang bekleidet, dürfte gerade aus dem Pool gestiegen sein.

Der Kleine: Ich begrüße den Mann mit den langen Ohren in unserer Mitte.

Der Lässige: Halten Sie gefälligst ihren Schnabel! Ich verbitte mir jede Anspielung!

Der Elegante: Aber ich bitte, Sie! Wir sind doch Oligarchen unter uns.

Der Lässige: *(tippt dem Eleganten auf die Schulter)*
Keine Gleichmacherei, wenn ich bitten darf – ich bin Monarch!

Der Elegante: Herr »König«, wenn Sie die Güte hätten, mich nicht anzufassen.

Der Kleine: *(leise zum Lässigen)*
Könnten Sie vielleicht meinen ersten verdienten Kreuzer zwischen den Fingern drehen? *(laut)* Sagen Sie, wie haben Sie das mit dem Gold gemacht?

Der Lässige: Ich kann nur raten: Lassen Sie die Hände davon! Meinen damaligen Wunsch hatte ich nämlich bald bereut. Ein Fluch lastete auf mir. Zum Glück hat mich ein Bad im Paktolos von dem Leiden geheilt.

Der Kleine: Ja, ich bade auch gern – in meinen Schätzen. Mein Gold habe ich selbst gefunden – am Klondike.

Der Elegante: Auch ich habe mein Vermögen selbst gemacht – an der Börse und mit einigen »guten Geschäften« zur Zeit der Prohibition. Sie wissen, was ich meine. Na ja, jetzt lebe ich recht stattlich auf meinem Anwesen in West Egg auf Long Island. Aber, im Vertrauen: Die Frau, die ich liebte – sie hieß übrigens Daisy – habe ich letzten Endes nicht bekommen.

Der Kleine: Ja, so ist das Leben. Zum Glück bleibt uns noch der Reichtum. *(seufzt)* Wenn einen die Großneffen nicht dauernd anschnorren würden.

(Von der Bar dringen Musikfetzen herüber: »Silence is golden«)

Gute Musik! Sagen Sie, Wertester, waren Sie nicht einmal Juror bei einem Songcontest?

Der Lässige: Erinnern Sie mich nicht!

Leider hat unser Reporter bei seiner anstrengenden Seitenblicke-Recherche die Nase zu tief ins Sektglas gehalten. Er konnte nicht eruieren, welche Nabobs sich hier unterhalten haben.

Frage 2: Wer plauderte am Poolrand?

*

Diese Szene spielt, und das wissen wir genau, im Jahre 33:

Judäa, Ölberg, Samstagnachmittag zur Teezeit, jede Menge Leute.

Mutter: *Lass uns zu der Steinigung gehen.*

Rübennase: *Ssscht.*

Titelheld: *Zu der Steinigung kannst du jeden Tag gehen.*

Rübennase: *Können Sie jetzt wohl mal ruhig sein!?*

Rübennases Frau: *Wirst du wohl mit der Popelei aufhören?*

Rübennase: *Ich hab nicht gepopelt, ich habe mich nur gekratzt.*

Streithals:	*Hören Sie mal, ich kann kein Wort von dem verstehen, was der sagt.*
Rübennase:	*Fluchen Sie meine Frau nicht an, ja?*
Streithals:	*Ich hab ihr nur gesagt, sie soll ihren Mund halten, damit ich den Mann da verstehe, Rübennase.*
Rübennase:	*Wenn du das noch mal sagst, schlage ich dir deine blöde Fresse ein.*
Streithals:	*Hör lieber weiter zu. Vielleicht kommt noch die Stelle: ›Gesegnet sind die Rübennasen‹.«*
Titelheld:	*Nun lass ihn doch in Ruhe.*
Streithals:	*Na, du hast aber auch 'n ganz schönen Erker im Gesicht. Woher kommt ihr beiden? Aus Rübennasenhausen?*

Nach der Steinigung geht der Titelheld mit seiner Mutter nach Hause: *»Mama, hab ich wirklich so eine große Nase?«* Mutter: *»Still! Denk nicht immer an Sex.«* Womit wir auch diesen Nasen-Aspekt abgehandelt hätten.

Frage 3: Dank welcher »Schlange«?

*

Frage 4: Und wie heißt der Titelheld?

*

»Pecunia non olet.« – »Geld stinkt nicht«, sagte Kaiser Tiberius und hob eine neue Steuer ein.

Frage 5: Für welche öffentlichen Einrichtungen?

»Nies-mit-Lust« heißt das Kraut, das der kleine Jakob finden muss, um vom bösen Zauber und damit von seiner Verunstaltung befreit zu werden.

Frage 6: Wie wird Jakob in Hauffs Märchen genannt?

*

Ein Barbier namens Iwan Jakowlewitsch findet eine Nase im Brot. Es ist die Nase des Kollegien-Assessors Kowaljeff.

Frage 7: Schostakowitsch vertonte die grausame Geschichte, wer schrieb sie?

*

Ein Astronom hatte im Duell einen Teil seiner Nase eingebüßt. Er ließ sich deshalb aus einer Gold-Silber-Legierung eine Nasen-Prothese anfertigen, die er mit einer Salbe anklebte.

Frage 8: Wer war der Astronom, dem Rudolf II. in Prag eine Sternwarte bauen ließ?

*

Auch das letzte Wort zur Nase gehört einem Gelehrten:

»Heiße Magister, heiße Doktor sogar
und ziehe schon an die zehen Jahr
herauf, herab und quer und krumm
meine Schüler an der Nase herum.«

Frage 9: Wer spricht diese selbstkritischen Worte?

Auflösung:

1) Ludwig Wittgenstein (in: »Tractatus Logico-Philosophicus«)
2) Der Kleine – Dagobert Duck
   Der Elegante – »Der große Gatsby« (Roman von F. Scott Fitzgerald, im Film gespielt von Robert Redford)
   Der Lässige – König Midas.
   Dionysos hatte Midas einen Wunsch gewährt. Midas wünschte sich, dass alles zu Gold würde, was er berührte. Als aber auch Speis und Trank zu Gold wurden, konnte ihn nur ein Bad im Paktolos vom Fluch befreien. Der Fluss wurde daraufhin der Sage nach zum goldreichsten Strom Kleinasiens.
   Midas als »Song Contest Juror«: Bei einem musikalischen Wettstreit zwischen Pan und Apollo hatte Midas Pan den Preis zugesprochen. Apollo war erzürnt und ließ ihm deshalb Eselsohren wachsen.
3) Monty Python's Flying Circus
4) Brian (Monty-Python-Film: »Das Leben des Brian«, Regie: Terry Jones)
5) Latrinen
6) Zwerg Nase
7) Nikolai Gogol (Novelle und Oper: »Die Nase«)
8) Tyho Brahe (dänischer Astronom, starb 1601 in Prag, bevor die Sternwarte fertig war)
9) Faust

Das Koffer-Syndrom und Reisen ins Paradies

Bei seinen ausgedehnten Reisen in die Schweiz, nach Italien und nach Österreich kam Friedrich Rückert zu der Tramper-Erkenntnis: »*Nur aufs Ziel zu sehen, verdirbt die Lust am Reisen.*« Stimme aus dem Hintergrund: »… und das vierfache Koffer-Problem!« Protaximenes steht plötzlich in der Redaktion. »Bitte, welches Koffer-Problem?« Protaximenes stöhnt: »Immer wenn ich verreise, stehe ich vor der quälenden Frage: Was soll ich einpacken? Bei der Abreise frage ich mich: Was habe ich vergessen? Während der Reise frage ich mich: Warum habe ich so viel mitgenommen? Nach der Rückkehr frage ich: Wer soll das alles auspacken?« Ja, ein Philosoph hat schwer zu tragen. Zum Glück sind wir keine Philosophen. Aber Karl Roßmann kennt das Koffer-Problem: »*Über den ersten Anblick beim Öffnen des Koffers war Karl entsetzt. Wie viele Stunden hatte er während der Überfahrt darauf verwendet, den Koffer zu ordnen und wieder neu zu ordnen, und jetzt war alles so wild durcheinander hineingestopft, dass der Deckel beim Öffnen des Schlosses von selbst in die Höhe sprang. Bald aber erkannte Karl zu seiner Freude, dass die Unordnung nur darin ihren Grund hatte, dass man seinen Anzug, den er während der Fahrt getragen hatte und für den der Koffer natürlich nicht mehr berechnet gewesen war, nachträglich mit eingepackt hatte.*«

Frage 1: Karl Roßmann stammt aus Prag.
In welches Land reiste er?

*

»Nau servas, der hot obar a Gwicht!« – Noch einer mit einem Koffer-Problem. – *»Wea soi denn den trogn? … Wianemmandenn? … Wie nemmen mir ihm denn? … ojobaallane bringin net auffe, i brauch eam jo nuar aufglegt … Sie nemman ihm am bestn …«*

Frage 2: Ja wie, mit welcher Technik soll der Koffer
geschultert werden?

*

Frage 3: Wer hat den Film mit der legendären
Kofferszene gedreht?

*

Glücklich, wer seinen Koffer nicht selbst tragen muss. Einer wie Pozzo zum Beispiel. Der führt seinen Koffer-Träger an der Leine.

Frage 4: Wie heißt der Unglückliche?

*

Keinen Koffer braucht man für eine Reise ins Paradies, wo immer es sich auch befinden mag. Das Reisebüro wird uns wohl nicht vermitteln können. Aber Pieter Brueghel der Ältere hilft uns weiter. Er malte unser Reiseziel und Thomas

Mann widmete dem Fantasieland einen Roman. Gleich hinter Weihnachten gelegen, schneit es dort Zucker und auf den Bäumen wachsen die schönsten Kleider. Die Reise dauert nur einen Gedankensprung und schon sind wir in dem Land, in dem der Faulste König wird.

Frage 5: Wie wird dieses märchenhafte Land genannt?

*

Mit der Zeit nervt das absolute Nichtstun – chill out ohne Ende – und wir sehnen uns nach Musik, nach Tanz, nach Stimmengewirr. Das Reisebüro empfiehlt ein sagenhaftes Land. Der römische Dichter Vergil beschrieb es als eine Gegend mit sonnenüberfluteten Blumenwiesen, mit Grotten und schattigen Wäldern. Hier regiert der Hirtengott Pan und alle Wesen leben im Einklang mit der Natur. Vergils Fantasieland ist nach einer realen Landschaft in Griechenland benannt. Bei Jacques Offenbach brüstet sich singend der Ex-Prinz dieses Landes.

Frage 6: Wohin geht der Gedankenflug?

*

Unsere letzte Reise führt uns weit weg, aber nicht dorthin, wo der Pfeffer wächst. Auch mit einer anderen Salat-Zutat haben diese Inseln im äußersten Westen, jenseits des »Okeanos«, nichts zu tun. Diese Inseln, vielleicht sind es die heutigen Kanaren oder Kapverden, wurden in der Antike nach vier Nymphen benannt, die in einem wunderschönen Garten einen Baum mit goldenen Äpfeln bewachten. Ihr Vater ist Atlas. Sie werden auch die »Töchter der Nacht« oder die »afrikanischen Schwestern« genannt.

Frage 7: Wie heißen die Schwestern und die Inseln?

Auflösung:

1) Amerika (Roman »Amerika« von Franz Kafka)
2) mit dem »Untergriff«
3) Franz Antel (»Hallo Dienstmann« mit Hans Moser)
4) Lucky (in »Warten auf Godot« von Samuel Beckett)
5) Schlaraffenland
6) Arkadien
7) Hesperiden

Fiktive, wilde und aufgebundene Bären

»Also, wenn ich einmal aus der Schule plaudern darf!?« Protaximenes zieht einen Sessel heran und lässt sich in der Redaktion unaufgefordert nieder. »Der geschätzte Kollege war mir immer schon etwas suspekt. Irgendwie nicht greifbar, der Kerl. Er hat ja nichts Schriftliches hinterlassen. Sogar der berühmte nach ihm benannte Satz soll schon lange vor ihm bekannt gewesen sein! Dann sein striktes Harmoniebedürfnis: Musik und Zahlen seien eins – dabei gab's damals noch gar keine Tantiemen! Und«, Protaximenes senkt vertraulich die Stimme, »seine Vorliebe für Dreiecksbeziehungen, widerlich! Aber … ich meine, ich bin ja auch tierliebend … aber einen Bären als Haustier halten, das geht zu weit!« Sprach's und entschwand.

Frage 1: Über welchen antiken Bären-Freund zog Protaximenes her?

*

Und wie aufs Stichwort geht die Türe auf und herein tanzt, ein Liedchen auf den Lippen – ein Bär: *»Versuch's mal mit Gemütlichkeit …«* Aber das ist doch, ja natürlich, den kennen wir! Der Bär macht es sich auf dem nicht vorhandenen

Sofa bequem und brummt los: »Was soll ich machen, Herrschaften, ich hab's nun einmal gern gemütlich! Darf ich mich vorstellen: Ich bin Balou, der Bär, und ich fühle mich bärig wohl im Dschungel. Ein britischer Autor hat mich 1894 erschaffen. Sie kennen ihn sicher: William Somerset Maugham. Mein bester Freund ist ein Menschenjunge, Mogli heißt er. Ein echter Lausebengel. Ich sage Ihnen, wenn der Schlingel einmal loslegt mit seinen Streichen, dann bleibt kein Auge trocken. Dabei ist der Bursche ständig in Gefahr. Im indischen Dschungel gibt es ja eine Menge gefährlicher Tiere: Den mieselsüchtigen Kragenbär zum Beispiel, und die Gaviale – diese blöden Affen führen immer was im Schilde. Auch der Gaur, dieser Hornochs, kann ganz schön rabiat werden. Mogli hat sogar richtige Intimfeinde. Kaa, die Pythonschlange, und Aga Khan, der Tiger, sind ständig hinter ihm her. Wenn Baghira, der Panther, und ich nicht dauernd auf den kleinen Kerl aufpassen würden! Moment, ich glaub, Mogli ruft schon wieder!« Balou rappelt sich hoch und weg ist er. Offenbar hat Balou ein bisschen zu intensiv dem Honigwein zugesprochen, denn in seine Erzählung haben sich drei Fehler eingeschlichen. Oder wollte er uns gar einen Bären aufbinden?

Frage 2: Korrigieren Sie den jovialen Bären.

*

Von Ferne ertönt Musik, sie kommt näher, es ist Zirkusmusik. Herein springt in eleganter Kleidung, den Zylinder in der Hand, der Zirkusdirektor: »Meine Damen und Herrrren, jetzt sehen Sie, was sie noch nie gesehen haben! Da tappst auch schon der erste Star des heutigen Abends in die

Manege, pardon, ins Redaktionszimmer: ein Bär ist es, jawohl, ein kleiner Bär. Geschaffen hat ihn der britische Autor Alan Alexander Milne im Jahr 1926. Eigentlich wollte er nur Gute-Nacht-Geschichten für seinen dreijährigen Sohn schreiben. Wie er da drollig herumtapst, der kleine Bär. Er beharrt übrigens darauf, ein Bär von sehr geringem Verstand zu sein. Die Abenteuer, die er zusammen mit dem Schweinchen Piglet, dem Esel Eeyore und anderen Freunden erlebt hat, diese Abenteuer wurden in alle Weltsprachen übersetzt, meine Damen und Herrrren, sogar ins Lateinische.«

Frage 3: Wie heißt dieser Bär?

*

Den nächsten Bären sehen wir nicht, wir hören ihn nur. Zum ersten Mal ist er in Paris aufgetreten, er trägt die Nummer 82 und ist in C.

Frage 4: Wer schuf ihn?

*

Keine Zeit zum Nachdenken, die nächste Nummer ist schon an der Reihe. »Blicken Sie in die Zirkuskuppel empor, meine Damen und Herrrren! Es ist Hochrisiko-Artistik in höchster Vollendung, was der kleine Plüschbär da oben auf dem Trapez vollführt. Achtung, jetzt ein waghalsiger Salto-Mortale. Ooh, wunderbar gelungen. Der Teddybär, Herrschaften, wurde 1902 erfunden. Es war die deutsche Plüschtiermacherin Margarete Steiff, die den ersten Stoffbären mit beweglichen Armen und Beinen produziert hat – für die Leipziger

Frühjahrsmesse. Ein amerikanischer Kaufmann erwarb 3000 Stück dieses kuscheligen Plüschtieres. In den USA wurde der »Teddybär« zum großen Publikumsrenner. Seinen Namen verdankt er übrigens einem berühmten Politiker!«

Frage 5: Nach welchem Präsidenten wurde
der deutsche Plüschbär benannt?

*

Vorbei ist die Zirkus-Imagination. Und schon springt der nächste Bär herein, »der kleine Bär«, Janosch hat ihn gezeichnet. An der Schnur zieht »der kleine Bär« ein Tier hinter sich her. Es ist schwarz-gelb gestreift und fürchtet sich nicht vor der Vogelgrippe, denn es ist aus Holz.

Frage 6: Welcher seltsamen Gattung gehört
dieses Tier an?

*

Indianergeheul erklingt. »Kleiner Bär« und »Großer Bär« gehören dem Stamm der »Tonkawa« an. Gemeinsam mit Old Firehand, Old Shatterhand und Winnetou macht sich »Kleiner Bär« auf die Suche nach einem legendären Schatz.

Frage 7: Wo ist dieser Schatz verborgen?

*

Flutsch, weg sind sie. Ein Luftzug … hereingestürmt kommt eine wilde, grimmige Horde. Die kampfsüchtigen Kerle sind in Bärenhäute gehüllt und von Wunden übersät, einer ist gleich von drei Speeren durchbohrt. Es müssen Germanen sein, sie werden … da, ein Hieb, und schon habe ich vergessen, wie sie genannt werden.

Frage 8: Wie werden die sprichwörtlichen Krieger genannt?

*

Der Hieb zeigt Wirkung. Ich sehe Sterne – den Großen Bären. Wie kommt der in der Himmel? Leo Tolstoi erzählt es in dem Märchen von einem Mädchen, das während einer verheerenden Trockenheit aus ihrem wundersam mit Wasser gefüllten Krug einem Hündchen, ihrer Mutter und einem Wanderer zu trinken gab, ohne zuvor selbst den Durst gestillt zu haben. Aus dem Krüglein traten danach Diamanten hervor, die in den Himmel stiegen und jetzt die Sterne des »Großen Bären« – richtiger: des »Großen Wagen« – bilden.

Frage 9: Wie viele Diamanten sind es?

Auflösung:

1) Pythagoras von Samos (Seine »Vorliebe für Dreiecksbeziehungen« drückte er mit Lehrsatz $a^2 + b^2 = c^2$ aus.)
2) nicht William Somerset Maugham, Rudyard Kipling ist der Autor des »Dschungelbuchs«; Gaviale sind keine Affen, sondern Krokodile; der Tiger heißt Shirkan, nicht Aga Khan
3) Pu, der Bär (Winnie, the Pooh). Anm.: Harry Rowohlt hat unter PU jahrelang eine Kolumne für die deutsche Wochenzeitschrift »Die Zeit« geschrieben. Titel: »Ansichten eines Bären von sehr geringem Verstand.«
4) Joseph Haydn. Die 82. Sinfonie in C-Dur trägt den Namen »Der Bär«. Sie entstand im Jahre 1786 und ist die letzte Sinfonie, die Haydn während seines Paris-Aufenthaltes schrieb. Das mit zahlreichen Paukenschlägen versehene Hauptthema des schnellen ersten Satzes soll den Bären als großes Raubtier verkörpern.
5) Theodore »Teddy« Roosevelt
6) Es ist eine Tigerente.
7) im Silbersee (Karl May: »Der Schatz im Silbersee«)
8) Berserker (»Bers-Erger« kommt aus dem Indogermanischen und bedeutet »Zorniger Bär«. Auf Altisländisch heißt »ber serkr« »Bärenhemd« oder »Bärenfell«. Eine weitere Bedeutung von »ber« ist »bar, nackt, bloß«: jemand, der ohne Rüstung kämpft.
9) sieben (Leo Tolstoi: »Der Große Bär«)
   Der Große Wagen ist Teil des Sternbildes Großer Bär. Der Große Wagen besteht aus sieben helleren Sternen, von denen drei die Deichsel und vier den Kasten des Wagens bilden.

Entdecker, Pioniere und ihre Schiffe

Im Winter 1620 landete ein Schiff an der amerikanischen Ostküste – an Bord 102 britische Puritaner, die »Pilgerväter«.

Frage 1: Wie hieß ihr Schiff?

*

Das abenteuerliche Leben des englischen Seefahrers und Polarforschers John Franklin wird in einem Roman des deutschen Autors Sten Nadolny beschrieben.

Frage 2: Was hat Franklin laut Buchtitel entdeckt?

*

James Cook brach 1768 von Plymouth aus zu seiner berühmten Forschungs- und Entdeckungsreise in die Südsee auf. Nach seinem Schiff wurde eine Raumfähre benannt.

Frage 3: Wie heißt das Schiff?

Schiffe und ihre Maler

Das Gemälde trägt den Titel: »Das Eismeer oder: Gescheiterte Hoffnung«. Es zeigt ein Segelschiff, das von riesigen, übereinander getürmten Eismassen zermalmt wird.

Frage 4: Wer schuf um 1823 dieses Werk?

*

Dieser englische Maler, er starb 1851 in London, hat sich immer wieder mit maritimen Motiven auseinander gesetzt. Die Kunstgeschichte feiert ihn als Vorläufer des Impressionismus.

Frage 5: Wer malte die »Fischer auf See«
und »Das Kriegsschiff Temeraire«?

*

Piraten werden immer wieder von demselben Schiff versenkt. Auf diesem Schiff befinden sich ein großer Dicker und ein kleiner Blonder.

Frage 6: Wer hat sie gezeichnet?

Antike Helden

»Er stand auf seines Daches Zinnen, / er schaute mit vergnügten Sinnen / auf das beherrschte Samos hin.« So beginnt eine Ballade von Friedrich Schiller.

Frage 7: Wem gehört laut Titel der Ring?

*

Eine kuriose mythologische Gestalt: Der griechische Krieger war *»ein riesenhafter Mann, langsam im Sprechen, aber schnell im Kampf«*. Er spielte dennoch nicht Fußball, schon gar nicht in Amsterdam.

Frage 8: Wie hieß er?

*

»Ich fürchte die Griechen, auch wenn sie Geschenke machen!« Er hatte die Trojaner vergeblich vor dem hölzernen Pferd gewarnt. Erzürnt warf er seine Lanze gegen das todbringende Geschenk. Daraufhin wurden er und seine zwei Söhne von Schlangen getötet.

Frage 9: Wer war der Priester?

Auflösung:

1) Mayflower
2) Langsamkeit (Roman: »Die Entdeckung der Langsamkeit«)
3) Endeavour. »Endeavour« heißt auf Deutsch »Bemühung«, »Bestreben«, »Anstrengung«.
4) Caspar David Friedrich
5) William Turner
6) Albert Uderzo (»Asterix«)
7) Polykrates (»Der Ring des Polykrates«)
8) Ajax
9) Laokoon

Von aufhorchenden, peitschenden, hohen und anderen Bäumen

Die Arme schlapp herunterbaumelnd, die Beine weit von sich gestreckt, so hängt er leise schnaufend im Sessel. »Die reinste Tortur, die reinste Tortur. Der Hitze und des Trubels überdrüssig suchte ich Erfrischung in den Tiefen des Waldes.« Selbst im Zustand vermeintlich totaler Erschöpfung findet Protaximenes Kraft für pathetische Worte. »Der wilden Natur nur mäßig kundig, habe ich mich doch tatsächlich verirrt. Ein Baum sieht ja wie der andere aus!« Protaximenes reibt sich die Fußsohlen. »Hätte nicht die Blasmusik gespielt, ich hätte dieses Waldgasthaus hier nie gefunden. ... Dabei wollte ich es nur einem persischen Kollegen gleichtun. ›*Ich liebe den Wald. In den Städten ist schlecht zu leben*‹, hat er gesagt. Und, ich zitiere wieder: ›*Würdig wissen Wald und Fels mit dir zu schweigen. Gleiche wieder dem Baume, den du liebst, dem breitästigen: still und aufhorchend hängt er über dem Meere.*‹ Also, dieser Kollege geht in den Wald und trifft einen alten Einsiedler. Was er da mache? ›*Ich mache Lieder und singe sie, und wenn ich Lieder mache, lache, weine und brumme ich: also lobe ich Gott.*‹ ›*Sollte es denn möglich sein!*‹, wundert sich der Kollege. ›*Dieser alte Heilige hat in seinem Walde noch nichts davon gehört, dass Gott tot ist!*‹« Protaximenes blickt Bewunderung heischend in die Runde. »Ja, also ... Ich habe das gelesen, in einem Buch von diesem ...

mein Gott, bin ich müde, jetzt fällt er mir nicht ein, diesem … na, in einem ›Buch für Alle und Keinen.‹« Ratloses Schweigen, kein Applaus. Indigniert löst sich Protaximenes in Waldluft auf.

Frage 1: Welchen Autor und welches Werk hat unser Hausphilosoph zitiert?

*

Zurück an den Anfang: »*Und Gott der Herr ließ aufwachsen aus der Erde allerlei Bäume, verlockend anzusehen und gut zu essen*«, heißt es in der Bibel (Mose 2,9). »*Und Gott nahm den Menschen und setzte ihn in den Garten Eden.*« Er konnte es sich allerdings nicht verkneifen, eine Bedingung zu stellen: Er darf von allen Bäumen im Garten essen, nur von einem nicht, »*denn an dem Tage, da du von ihm issest, musst du des Todes sterben*«. (Mose, 2,17)

Frage 2: Von welchem Baum darf Adam nicht essen?

*

Um einen Weg aus dem allgemeinen Leiden der Menschheit zu suchen, begab sich Prinz Siddharta auf sechsjährige Wanderschaft. Unter dem Baum der Weisheit will er zur vollkommenen Erleuchtung gelangt sein.

Frage 3: Unter welchem Namen ist uns Prinz Siddharta besser bekannt?

*

»Vergessen Sie mir nicht die griechische Mythologie!« Protaximenes meldet sich schon wieder zurück. »Sie kennen doch die Geschichte von Zeus und Hermes? Nun, als die beiden inkognito auf Erden nach dem Rechten sehen wollten, fanden sie niemanden, der sie aufnehmen wollte. Erst ein altes Ehepaar gewährte Einlass in seine ärmliche Hütte und bewirtete sie äußerst freundlich. Als Dank erfüllte ihnen Zeus den Wunsch, dass keiner den anderen überleben müsse. Beide starben gleichzeitig und wurden in Bäume verwandelt, er in eine Eiche, sie in eine Linde. Aber bevor ich hier selbst Wurzeln schlage, verschwinde ich lieber.«

Frage 4: Wie hießen die beiden unzertrennlichen Eheleute?

*

Linde? Ja, richtig: Pyramus und Thisbe, das berühmte Liebespaar der Antike, trafen einander immer unter einer Linde.

Frage 5: Pyramus und Thisbe tauchen in den Metamorphosen von Ovid und in Faust II auf. Auch bei Shakespeare treten sie auf. In welchem Stück wird die Geschichte von Pyramus und Thisbe von Handwerkern bei einer Hochzeit aufgeführt? Geprobt wurde im Wald.

*

Um den Wald ranken sich viele Märchen, Mythen und Geschichten. Jetzt gilt das Zaubermotto: »Aus drei mach eins« – drei Geschichten zum Preis von einer:

»Es war einmal ein König, der viel versprach, aber wenig hielt. So sprach er einst zu einem jungen Mann: ›Ich weiß, du hast schon eine Heldentat vollbracht. Eh du aber meine Tochter und das halbe Reich erhältst, musst du mir noch einen Wunsch erfüllen. Im Wald lebt ein Einhorn, das großen Schaden anrichtet. Das musst du fangen!‹ Auf dem Weg zum Wald traf der junge Mann ein Mädchen aus ärmlichen Verhältnissen. Auf die Frage, woher des Weges sie denn käme, erzählte ihm die junge Maid die seltsamsten Dinge. Sie sprach von sprechenden Broten, die aus dem Backofen geholt werden wollten, und von einem Apfelbäumchen, das, weil die Früchte schon reif waren, geschüttelt werden wollte. Da es der Jüngling aber eilig hatte, konnte er den Erzählungen des Mädchens nicht länger lauschen. Mitten im Wald kam er zu einem Gebäude, das aussah wie ein mächtiges Schloss – es war aber eine Schule. Hier traf er auf den allerseltsamsten Baum, den er je gesehen hatte. Eine peitschende Weide, die gerade dabei war, zwei Burschen und ein Mädchen mächtig zu verdreschen. Vorsichtig machte er einen großen Bogen um die Weide. Schon auf der nächsten Lichtung wurde er des Einhorns ansichtig. Vor einem riesigen Baum stehend, lockte er das gefürchtete Wesen heran. Mit gesenktem Kopf rannte es auf ihn zu. In letzter Sekunde sprang er zur Seite. Das Einhorn aber bohrte sich in den Baum, ohne sich je wieder befreien zu können. Noch im selben Jahr fand der von der Weide verdroschene Junge die Kammer des Schreckens, das arme Mädchen ihr Glück und der Bursch das Herz der Königstochter.«

Frage 6: Welche drei Märchen verbergen sich in dieser Baumgeschichte?

»In dem sehr zweifelhaften Schatten eines so genannten Zwetschkenbaumes saß ein Mann, der hieß auch Zwetschkenbaum, aber er war es nicht.« So beginnt ein in nüchternem Protokollstil verfasster Roman über den Leidensweg des Juden Schmul Leib Zwetschkenbaum, der des Obstdiebstahls bezichtigt wird. Die literarischen Leistungen des Autors Albert Drach wurden erst im hohen Alter gewürdigt. Mit 86 Jahren erhielt Drach den Georg-Büchner-Preis, es folgten der Manès-Sperber- und der Franz-Grillparzer-Preis.

Frage 7: Welchen bürgerlichen Beruf übte Drach neben seiner schriftstellerischen Tätigkeit aus?

*

Die österreichische Schriftstellerin Vicky Baum bestach vor allem durch ihre treffsicheren Milieustudien, wie zum Beispiel im Roman »Menschen im Hotel«. Das Buch wurde 1931 mit Greta Garbo und John Barrymore und 1959 mit Michèle Morgan und O. W. Fischer verfilmt. In einem anderen Erfolgsroman schildert Vicky Baum das Leben der Millionärstochter Ann Ambros aus San Francisco und deren Ehe mit einem berühmten Wiener Violinvirtuosen. Ambros hat bereits als Kind gelernt: Alle Dinge sind erreichbar, wenn man brutal und skrupellos danach strebt.

Frage 8: Die Heldin ist laut Titel ein scheues Waldtier, vor dem man sich laut Baum in Acht nehmen muss. Wie heißt der Roman?

Zum Schluss tritt ein Mann der Tat, ein Praktiker auf: »*Grau, teurer Freund, ist alle Theorie und grün des Lebens goldner Baum.*«

Frage 9: Wer gibt diese Weisheit von sich?

Auflösung:

1) Friedrich Nietzsche (»Also sprach Zarathustra«, Untertitel: »Ein Buch für Alle und Keinen«)
2) Baum der Erkenntnis
3) Buddha
4) Philemon und Baucis
5) »Ein Sommernachtstraum«
6) »Frau Holle« / »Das tapfere Schneiderlein« / Harry Potter: »Kammer des Schreckens«
7) Rechtsanwalt (Albert Drach, geb. 1902 in Wien, gest. 1995 in Mödling, Roman: »Das große Protokoll gegen Zwetschkenbaum«)
8) »Vor Rehen wird gewarnt«
9) Mephistopheles (Goethe: »Faust I«)

Wilde Nächte: wahre und unwahre Liebesgeschichten

Was einmal Erfolg hatte – so die Devise nicht nur in Hollywood –, wird auch ein zweites Mal erfolgreich sein. Produzenten und Drehbuchautoren greifen deshalb gern auf bekannte Stoffe zurück. Das können wir auch, dachten wir. Nach dem Motto: ein Blockbuster ist gut, zwei Blockbuster sind besser, wie gut müssen erst vier Blockbuster sein, haben wir vier berühmte Hollywood-Streifen zu einer einzigen herzzerreißenden Story verbraten. Denn je heftiger die Tränen fließen, desto lauter klingeln die Kassen. Legen Sie also einige Taschentücher bereit und lesen Sie den Drehbuchentwurf für »Das Leben des Brad Yurkovitch«:

Eine Farm. Die schöne, kapriziöse Tochter des Gutsherrn steht auf den Stufen des Hauses und blickt ihm nach. Ihm, Brad Yurkovitch, dem raubeinigen Abenteurer. Vergeblich kämpft sie mit den Tränen. Zu spät erkennt sie: Er ist ihre wahre Liebe und sie hat ihn für immer verloren.

Yurkovitch, abgewiesen, gekränkt und seelisch verletzt, ändert sein Leben und geht in die Stadt. Er will Arzt werden. An der Universität lernt er eine arme Studentin kennen und lieben. Das Glück währt nur kurz. Sie leidet an einer schweren Krankheit, siecht dahin und stirbt.

In rasendem Schmerz greift Brad zur Feder, kleidet sein Leid in melancholische Verse – und beendet sein Medizinstudium. Er

verlässt die Staaten und sucht sein Glück in der Alten Welt. Es verschlägt ihn nach Russland. Er gerät in Bürgerkriegswirren und erliegt dem Zauber der Frau eines anderen, eines Revolutionärs. Die Beziehung musste scheitern.
Verbittert und verarmt beschließt er, in die Heimat zurückzukehren. Auf der Überfahrt lächelt sie ihn an, sie das reiche, bezaubernde Mädchen vom Oberdeck. Sie schenkt ihm – ein böses Omen – ein blaues Band. Und dieses Band war der Beginn einer Katastrophe.

Frage 1: Welche vier Filme wurden abgekupfert?

*

Frage 2: Wer waren die Hauptdarstellerinnen?

*

Frage 3: Wer schrieb die literarische Vorlage zum dritten Film?

Filmstars, Popmusiker und sonstige Prominente stehen auf der Gästeliste eines nicht besonders mondänen, aber legendären Hotels in New York. Seine Atmosphäre zog viele bekannte Künstler an. Wieder eine Story, diesmal keine erfundene. Erfunden ist nur der Portier, der für etwas Trinkgeld durch die Zimmer führt:
»In dieser Suite hier haben zwei Musiker ein kleines, aber heftiges – wie sagen Sie in Wien? – ein heftiges ›Pantscherl‹ gehabt. Es ist lang her, aber ich erinnere mich: Er war ein eher ruhiger Kerl, ein Poet und Musiker mit einer dunklen Stimme. Und sie – pff, sie war eine, eine richtige ›wilde

Henne‹. Immer ganz kurze Minikleidchen sind am Boden herumgelegen und lange Perlenketten auf dem Nachttisch. Schön war sie nicht mit ihren ›Wimmerln‹ im Gesicht und ihren zerrauften Haaren – aber ein Energiebündel war sie. In ihr hat ein Feuer geglüht.
Von ihm weiß ich, dass er aus einer jüdischen kanadischen Familie stammt. Er war zuerst Dichter. Ist erst, als er schon über 30 war, auch als Sänger berühmt geworden. Er hat einen spanischen Dichter so bewundert, dass er seine Tochter nach ihm benannte. Dieser Dichter ist von den Franco-Faschisten ermordet worden.
Vor 4 Uhr – am Nachmittag, versteht sich – hat man das Zimmer gar nicht aufräumen dürfen. Und wenn dann die Putzfrau Zutritt erhielt, sind die Decken und Polster irgendwo am Boden gelegen, manchmal sogar im Bad. Dafür lagen Whiskey-Flaschen im Bett, und nicht nur eine. Er hat sogar einen Song über unser Hotel geschrieben. Darin geht es um den frühen Tod dieser rasenden Sängerin, mit der er damals in den wilden 1960er Jahren bei uns einige Nächte verbrachte.«

Frage 4: Wer waren die beiden?

*

Frage 5: In welchem Hotel sind sie abgestiegen?

*

Frage 6: Der Vorname der Tochter ist
der Familienname des verehrten Dichters.
Wie heißt die Tochter?

Auflösung:

1) »Vom Winde verweht«, »Love Story«, »Dr. Schiwago«, »Titanic«
2) Vivien Leigh, Ali MacGraw, Julie Christie und Geraldine Chaplin, Kate Winslet
3) Boris Pasternak
4) Janis Joplin und Leonard Cohen
5) Chelsea Hotel
6) Lorca (nach Federico García Lorca)

(Märchen-)Helden zu Wasser, im Eis und zu Lande

Auf, ihr Landratten, lichten wir die Anker:
Um die Jahrtausendwende versetzten die angeblich so grausamen Wikinger halb Europa in Angst und Schrecken. Die Wissenschaft korrigierte das Bild von den kulturlosen Wikingerhorden. Dennoch, die Entdeckungs- und Eroberungsfahrten um die erste Jahrtausendwende begannen mit Mord und Totschlag: Thorvald Asvaldsson, der Vater des späteren Entdeckers, war nach begangenem Mord mit seiner Familie von Norwegen nach Island geflohen. Auch der Sohn – er hieß Erik Thorvaldsson – beging eine Bluttat, seinen Beinamen erhielt er aber aus einem anderen Grund.

Frage 1: Unter welchem Namen ging Erik Thorvaldsson in die Geschichte ein?

*

Thorvaldsson wurde von Island verbannt und besiedelte ein »grünes Land«, das schon vor ihm von einem anderen Wikinger gesichtet worden war.

Frage 2: Wie heißt die Insel?

Thorvaldssons Sohn Leif entdeckte »Helluland«, »Markland« und ein Land, in dem Weizen und sogar Wein gediehen.

Frage 3: Wie wird dieses Land in der Saga genannt?

*

Frage 4: Und wie heißt Thorvaldssons Sohn dem Usus entsprechend mit Nachnamen?

*

Wir unternehmen eine großen zeitlichen und geografischen Sprung und begeben uns in südlichere Gefilde. Im Jahr 1866 fand vor der heutigen Insel Vis eine der größten Seeschlachten des 19. Jahrhunderts statt.

Frage 5: Wie hieß diese Insel damals?

*

Sechs Jahre später brach eine österreichische Expedition unter Julius von Payer und Carl Weyprecht zum Nordpol auf. Ihr eigens für die Expedition gebautes Schiff trug den Namen des Siegers der Seeschlacht von 1866.

Frage 6: Wie hieß das Schiff?

*

Payer und Weyprecht waren auf der Suche nach der so genannten »Nordostpassage«, also nach einer Durchfahrt nördlich des Festlandes von der Barentssee zur Beringstraße.

Frage 7: Welche Inselgruppe wurde dabei entdeckt?

*

Das Schiff blieb im Packeis stecken und musste aufgegeben werden. Die Expeditionsteilnehmer mussten sich zu Fuß durchschlagen und »die Schrecken des Eises und der Finsternis« bezwingen. Josef Mazzini folgt hundert Jahre später ihren Spuren und kehrt von der fiktiven Reise nicht mehr zurück. Nur seine Tagebücher bleiben.

Frage 8: Wer hat Mazzinis Tagebücher verfasst?

*

»Das Eismeer oder Die verunglückte Hoffnung« ist der Titel eines berühmten Bildes.

Frage 9: Welcher deutsche Maler der Romantik hat es gemalt?

*

Unzählige Abenteuer hatte Sindbad der Seefahrer zu überstehen.

Frage 10: Wer erzählte seine Heldentaten?

Ja, das Rätselteam hat ein Faible für Märchen. Hier das tragische Ende eines Märchens aus kriminalistischer Sicht. Es galt, den mysteriösen Tod eines schwer verletzten, aber zuvor organisch gesunden Mannes zu untersuchen. Auszug aus dem Gerichtsprotokoll: »Besondere körperliche Merkmale: kleine Statur, überdurchschnittlich starker Haarwuchs. Zum Zeitpunkt des Ablebens befanden sich in seiner Jackentasche ein Halsband und ein Ring. Die Obduktion weist einen extremen Erschöpfungszustand nach exzessiver körperlicher Anstrengung nach. Die weibliche Zeugin sagte aus, der Verstorbene habe die letzten drei Nächte durchgearbeitet. Der Tod wurde durch eine in heftiger Gemütserregung erfolgte, offensichtlich selbst zugefügte, schwerwiegende Beeinträchtigung der körperlichen Integrität herbeigeführt.«

Frage 11: Wer war der solcherart dramatisch Hingeschiedene?

*

Der Weg vom Märchen zur rührseligen Raubersg'schicht ist kurz, aber mit Tränen gepflastert. Es wird kitschig. Schon 1799 ließ er die Herzen der LeserInnen erzittern, der schrecklich schöne Räuber Rinaldo Rinaldini. An der Geschichte soll nicht nur der offizielle Autor, ein gewisser Christian August Vulpius, beteiligt gewesen sein. Auch sein Schwager, ebenfalls Schriftsteller, hat angeblich spaßeshalber ein paar Kapitel beigesteuert. Dieser Schwager hatte schon 25 Jahre zuvor einen Bestseller gelandet. Einen Herz-Schmerz-Briefroman mit letalem Ausgang und epidemiehaften Folgen.

Frage 12: Wer war Vulpius' Schwager und möglicher Rinaldini-Co-Autor?

Und jetzt ein ganz tiefer Griff in den Schmalztiegel: »›... *Winfriede aber ist mein eigenes Kind!‹ Sie hatte geendet und hielt den Brief in zitternden Händen. Da trat Götz von Grafeneck vor sie hin: ›Du bist ebenbürtig, Trotzkopf! Du bist meine Frau!‹ Stumm schloss er sie in die Arme. Winfriede ward seine blühende junge Gattin. Dagobert von Schwarzburg aber heiratete die hässliche, bucklige Tochter eines reichen Käsehändlers und huldigte dem Dämon Alkohol.*«

Frage 13: Eine Parodie, wer wurde parodiert?

*

Frage 14: Und wer schmückte sich hier
»mit fremden Federn«?

Auflösung:

1) Erik der Rote (er hatte rote Haare)
2) Grönland
3) Vinland
4) Eriksson
5) Lissa
6) »Admiral Tegetthoff«
7) Franz-Josephs-Land
8) Christoph Ransmayr
9) Caspar David Friedrich
10) Scheherazade
11) Rumpelstilzchen
12) J. W. Goethe
13) Hedwig Courths-Mahler
14) Robert Neumann

Antike Heldinnen

Sie war die Tochter des Priamos. Apollo verliebte sich in sie und er verlieh ihr die Gabe der Vorhersehung. Sie verschmähte ihn jedoch, worauf er sie verfluchte. Stets werde sie richtig vorhersehen, aber nur Böses, und nie werde ihr jemand Glauben schenken.

Frage 1: Wer war die »unerhörte« Prophetin?

*

Dädalus, mythologischer Flugpionier und Erbauer des Labyrinths des Königs Minos, zeigte der Tochter des Königs, wie der Minotaurus zu überlisten ist.

Frage 2: Wie hieß die Tochter?

*

Ihr Name bedeutet »Die Schöne ist gekommen«. Um sie ranken sich unzählige Geschichten. Als ägyptische Königin war sie Gemahlin des »Ketzerkönigs« Echnaton.

Frage 3: Wie lautet ihr Name?

Opernhelden

Frage 4: Die Legende vom niederländischen Kapitän Vanderdecken, der um seine Seele wettete, das Kap der Guten Hoffnung bei Sturm umrunden zu können, lieferte den Stoff für welche Oper?

*

Noch heute wird ein gefaltetes Papier nach ihm, dem Diener mit der Liste, benannt. Ein schriftliches Verzeichnis, gut lesbar, weil Falte für Falte zu öffnen.

Frage 5: Wie heißen Diener und Papier?

*

In Claudio Monteverdis letzter erhaltener Oper wird eine römische Kurtisane zur Kaisergemahlin gekrönt. Sie hieß Poppea.

Frage 6: Wie hieß der Kaiser?

Bezaubernde und teuflische Feste

Am Ende einer seiner Possen gibt Ferdinand Raimund ein »Inselfest«. Vor goldenen Hügeln und silbernen Quellen darf Bartholomäus Quecksilber mit seiner Linda ganz zauberhaft Verlobung feiern.

Frage 7: Welchen Beruf übt Herr Quecksilber aus?

*

Eine Frau richtet für ihren Mann ein Geburtstagsfest aus. Der Mann spricht kein Wort und stirbt, ohne dass es die ungezügelte Gesellschaft bemerkt. Die Frau bleibt mit der Leiche allein und bricht *»in ein fürchterliches Gelächter aus«* – so der Schluss eines Dramas von Thomas Bernhard.

Frage 8: Wie heißt der Verblichene mit Vornamen?

*

Während eines Gastmahles sollen die Worte *»mene mene tekel ufarsin«* von geisterhafter Hand an die Wand geschrieben worden sein. Es ist eine Prophezeiung des Untergangs von Babylon. Der Stoff bildet die Grundlage für zahlreiche

Bearbeitungen. Es gibt dazu Bilder von Rembrandt und Tintoretto, ein Oratorium Händels sowie eine Ballade von Heinrich Heine.

Frage 9: Wer war der babylonische König, bei dessen Gastmahl das Menetekel gesichtet wurde?

Auflösung:

1) Kassandra
2) Ariadne
3) Nofretete
4) »Der fliegende Holländer« (von Richard Wagner)
5) Leporello (Diener von »Don Giovanni«)
6) Nero (»Die Krönung der Poppea«)
7) Barometermacher (»Der Barometermacher auf der Zauberinsel«)
8) Boris (»Ein Fest für Boris«)
9) Belsazar (Bel-Schar-ra-Usur)

Seltsame Botschaften und mysteriöse Tiere

Der aus dem Libanon stammende Schriftsteller Khalil Gibran spricht ratlosen RätselfreundInnen Mut zu: »*Sich verwirrt zu fühlen, ist der Anfang wahren Wissens*«. Gibran – sein Hauptwerk trägt den Titel »Der Prophet« – hat sich mit dieser Erkenntnis selbst als Prophet ausgewiesen. Was anderes kann der Dichter (gest. 1931) gemeint haben, als die mentale Disposition eines Internetsurfers nach dem Anklicken des Befehls »Diese Seite übersetzen«? Lassen wir die Übersetzungsmaschine selbst zu Wort kommen, und zwar wörtlich: »*Wegen was Computer allgemein tun, legen sie ein ungeregeltes Hauptgewicht auf den technischen Prozessen von Kommunikationen und von Angebot sehr wenig in die Weise der Substanz.*« Verwirrt begeben wir uns auf die Spur des wahren Wissens: Dieses zur Unkenntlichkeit verstümmelte Zitat stammt von Marshall McLuhan. Die viel zitierte Aussage McLuhans lautet – wir lassen wieder den Computer ran: »*Welches das Mittel ist die Anzeige.*« Was will uns der Wissenschafter, nein: der Computer damit sagen?

Frage 1: Übersetzen Sie bitte: Wie ist der korrekte Wortlaut des berühmten Zitats?

*

Der Text fand sich auf einer Webseite, die einem anderen Wissenschafter gewidmet ist, einem, der zeitlebens *»gegen technologische Verdummung durch das kommerzielle Fernsehen und die global vernetzte Computerwelt«* wetterte. Der Kommunikationswissenschafter und Bestsellerautor hat sich ebenfalls mit der Wirkung medialer Botschaften auseinander gesetzt. Er trägt den Namen eines Berufs, der mit seiner Forschungstätigkeit im wahrsten Sinn des Wortes »weitgehend« in Beziehung steht.

Frage 2: Sein Vorname ist Neil, wie lautet sein Nachname?

*

1986 erhielt dieser Wissenschafter und Autor den »Preis für Klarheit der Sprache«. Diese Auszeichnung ist nach einem Schriftsteller benannt, der in seinem berühmtesten Roman den Begriff des *»Neusprech«* eingeführt hat.

Frage 3: Dieser Romanautor hieß mit bürgerlichem Namen Eric Arthur Blair. Unter welchem Pseudonym ging er in die Literaturgeschichte ein?

*

Frage 4: »Neusprech« und »Doppeldenk« werden in welchem Roman praktiziert?

*

Wenden wir uns einer jahrhundertealten Tradition des Gedankenaustauschs und der Botschaftsübermittlung zu: *»In mein Briafkastl / hat a klane Meisn a Nest. / Schreib ma liaba* *net.«* Mit dieser postalischen Bitte gewann der Österreicher Gerhard Habarta einen Internet-Gedichtwettbewerb. Es ging um eine Literaturform, die sich die Länge eines Atemzugs – höchstens 17 Silben – zum Maß genommen hat.

Frage 5: Wie wird diese Gedichtgattung genannt?
Ein seltsamer Hinweis: Verballhornt begrüßt so,
hoch droben auf der Alm, ein Deutsch
lernender nordamerikanischer Gast-Senner
eines seiner Tiere! Was sagt er?

*

Nun weckt ein anderes Tier (und seine verschlüsselte Botschaft) unser brennendes Interesse. Es steht im Mittelpunkt, richtiger: im Hintergrund eines Bildes. Gegen das Tiefblau des Himmels heben sich zwei gigantische Frauenfiguren ab. Sie tragen halbdurchsichtige, bis auf den Boden reichende Kleider, aus ihren Rücken ragen bolzenartige Gebilde, sie sind durch Stangen verbunden und geben so den Körpern Halt. Mit einer Geste der Anrufung oder Abwehr streckt die vordere Figur ihre Hände vom Leib. Unter der Brust und am linken Oberschenkel sind offen stehende Schubladen angebracht. Der hinteren Figur entsprießt am Scheitel Geäst. Sie hält etwas Blutrotes in die Höhe. Regungslos auf einer vegetationslosen Fläche steht ein Tier. Flammen lodern über Hals und Rücken.

Frage 6: Welches Tier brennt?

*

Frage 7: Wer hat das Bild gemalt?

Auflösung:

1) »Das Medium ist die Botschaft.« (»The medium is the message.«)
2) Postman (Neil Postman prägte den Begriff des »Infotainment«.)
3) George Orwell
4) 1984
5) Haiku. »Hi, Kuh!«
6) Giraffe («Die brennende Giraffe«)
7) Salvador Dalí

Geister, Götter, Könige

»Das Auge nimmt das Licht aus der Luft, der Geist nimmt es aus dem Wissen«, verkündete Zenon mit stoischer Ruhe. Sein Kollege Protaximenes zog den Umkehrschluss: »Wissen hilft, den Geist zu erkennen.« Erkennen Sie den Geist, noch besser: drei Geister. Der erste erscheint schon im 1. Akt:

»Ich bin deines Vaters Geist;
Verdammt auf eine Zeit lang, nachts zu wandern
Und tags, gebannt, zu fasten in der Glut,
Bis die Verbrechen meiner Zeitlichkeit
Hinweggeläutert sind. Wär mir's nicht untersagt,
Das Innre meines Kerkers zu enthüllen,
So höb ich eine Kunde an, von der
Das kleinste Wort die Seele dir zermalmt.
...
Doch diese ewge Offenbarung fasst
Kein Ohr von Fleisch und Blut. – Horch, horch, o horch!
Wenn du je deinen teuren Vater liebtest ...«

Frage 1: Wer ist der Sohn dieses Unglücklichen?

*

Kaum vom Schrecken erholt, schwebt auch schon – traditionell in Leintuch gehüllt – der nächste Geist vorbei:

»Ich bin bekannt,
im ganzen Land,
man fürchtet mich ganz fürchterlich,
als Geist, der keinen schont. …
Sie zogen aus,
sie starben hin.
Das Schloss steht still und leer
Nur noch der alte Butler,
der gute Umney, der geht hier herum.
Er wischt den Staub, den Spinnweb fort,
schicksalsergeben und stumm.
Wär ich nicht schon seit Jahren tot,
die Langeweile brächte mich um.«

Dieses Gespenst hat uns nicht wirklich Angst eingejagt.

Frage 2: Wo treibt es sein Unwesen?

*

Der Spuk ist noch nicht vorbei. Dieser Bosnigl dampft gerade ab:

»Jetzt empfehl ich mich! Aber noch einmal, Madam Fortuna, Sie fürcht ich nicht; denn was meine wahren Anhänger sind, die machen sich nicht so viel aus Ihnen. Kommt's Glück einmal, so werfen sie's beim Fenster hinaus, und kommt's zum zweiten Mal, und will sich ihnen aufdringen auf eine dauerhafte Art, so treten sie's mit Füßen. – So behandeln meine echten Brüderln das Glück. – Gehorsamer Diener allerseits«.

Frage 3: Und weg ist er, der, na wie heißt er schnell?

Frage 4: Wer sind seine »echten Brüderln«?

*

So, die Geisterstund is um, Gott sei Dank. Wir begeben uns in nicht nur geistig höhere Regionen. Gesucht ist der Wohnort einer dreizehnköpfigen Familie. Die Familie umfasst ein Ehepaar mit sieben Kindern sowie die zwei Brüder und zwei Schwestern des Gatten. Sie residieren der Überlieferung nach an einem Ort mit herrlichem Meerblick. Der höchste Punkt des Wohnortes befindet sich auf 2917 Meter Seehöhe.

Frage 5: Wo thront die Familie?

*

Frage 6: Wie heißt das Ehepaar?

*

Frage 7: Für Experten: Wie heißen die sieben Kinder? Ein Hinweis: Die Namen von fünf Kindern beginnen mit »A«, die der anderen zwei mit »H«.

*

Wir steigen herab und tief hinunter in die Unterwelt, wo Gott Hades regiert.

Frage 8: Um dorthin zu gelangen, muss welcher Fluss überquert werden?

Mythologisch inspiriert reisen wir auf einem anderen Fluss noch weiter zurück in die Vergangenheit. Vom Nil aus lassen sich die drei Pyramiden von Gizeh gut erkennen. Die größte ist die Cheops-Pyramide.

Frage 9: Wie aber heißen die beiden anderen Pyramiden?

*

Die Reise geht weiter stromaufwärts. Am Nasser-Stausee passieren wir am westlichen Nilufer ein bedeutendes Weltkulturerbe. Da die beiden Felsentempel nach dem Bau des Kraftwerkes in den Fluten versunken wären, wurden sie in vierjähriger Arbeit versetzt. Sie wurden in 1036 Einzelteile zerschnitten und anschließend 180 Meter landeinwärts und 64 Meter über dem alten Standort wieder aufgebaut.

Frage 10: Bei welchem Ort befindet sich die nach ihm benannte Sehenswürdigkeit?

*

Frage 11: Unter welchem Herrscher wurde die Tempelanlage errichtet?

*

Frage 12: In der Nähe welcher Stadt befindet sich der Staudamm?

Auflösung:

1) Hamlet (William Shakespeare)
2) auf Schloss Canterville (Oscar Wilde: »Das Gespenst von Canterville«)
3) Lumpazivagabundus (Johann Nestroy)
4) Knieriem, Leim und Zwirn
5) am Olymp
6) Zeus und Hera
7) Apollo, Artemis, Ares, Aphrodite, Athena, Hermes und Hephaistos. (Die Geschwister des Zeus heißen Demeter und Hestia, Poseidon und Hades.)
8) Styx
9) Chephren und Mykerinos
10) Abu Simbel
11) Pharao Ramses II.
12) Assuan

Schöne Worte, grausame Tierversuche und ein Leben nach dem Tao

Der Deutsche Sprachrat suchte (2004) in einem internationalen Wettbewerb »das schönste deutsche Wort«. Die Beteiligung war gewaltig. An die 23 000 Wörter aus 102 Ländern sind eingegangen. In die engere Wahl kamen so unterschiedliche Begriffe wie »Kichererbse«, »Gemütlichkeit« und »Fehlbelegungsabgabe«. Bei dem Wettbewerb war nicht entscheidend, wie oft ein Wort genannt wurde, sondern wie die Einsender ihre Wahl begründeten. Durchgesetzt bei der Jury hatte sich schließlich Doris Kalka mit einem Begriff, *»der den Gegensatz zwischen dem menschlichen Streben nach Besitz und dem ›unerreichbaren Ziel‹ der Seligkeit vereint«.*

Frage 1: Wie lautet das vom Deutschen Sprachrat gekürte »schönste deutsche Wort«?

Auf Platz zwei landete die »Geborgenheit« vor »lieben«, »Augenblick« und – köstlich – »Rhabarbermarmelade«.

*

An der Wort-Suche hatte sich auch Prominenz beteiligt. Ein deutscher Humorist, Zeichner, Schauspieler und Filmemacher hatte für die »Auslegeware« plädiert, weil dieses Wort »*als Charakterisierung des Deutschen in Schlichtheit, Korrektheit aber auch Großzügigkeit nicht übertroffen werden kann*«. Sein Vater war preußischer Offizier, in seinem bürgerlichen Namen führt er ein »von«. Mit seiner Arbeit »*zerpflückt er mit subtilen Nadelstichen Stil, Erziehung und elaborierten Code gutbürgerlicher Kreise und bringt so deren Fassadenhaftigkeit zum Vorschein*«.

Frage 2: Wer schwärmt von der »Auslegeware«?

*

Die schöne deutsche Wortschöpfung »Sprachrat« hätte sich doch auch eine Auszeichnung verdient, oder? Das Lieblingswort der Vorsitzenden dieser Institution und Präsidentin des deutschen Goethe-Instituts, Jutta Limbach, ist jedoch ein anderes. Es bezeichnet einen intellektuellen Vorgang, der nichts damit zu tun hat, dass sich ein Gespenst im selben Raum aufhält. Wenn Sie sofort wissen, worum es geht, haben Sie genau das bewiesen.

Frage 3: Welcher Begriff ist gemeint?

*

Zum »schönsten Wort der Kinder« wurde die Bezeichnung für ein Insekt gewählt. Eingeführt wurde der Begriff von Carl von Linné, der Ursprung war aber lange Zeit ungeklärt. Die tatsächliche Quelle des Namens wurde erst in den 1950er Jahren entdeckt. Sie stammt aus dem Werk »*L'histoire entière des poissons*« von Guillaume Rondelet (1558). Darin vergleicht Rondelet eine Larve dieses Insekts mit dem Hammerhai, da deren »*Körperbau einem Meeresfisch ähnelt, der Zygaena oder … heißt. Er hat die Form einer Wasserwaage, wie sie die Architekten verwenden, und wird in Italien auch Hammerfisch genannt. Jenes Tier ist sehr klein, hat die Form eines ›T‹ oder einer Wasserwaage, besitzt aber auf jeder Seite drei Beine. Der Schwanz endet in drei grünen Spitzen, mit deren Hilfe das Tier schwimmt.*«

Frage 4: Welches Insekt wurde hier beschrieben?
Hinweis: Es zeichnet sich durch seinen
außergewöhnlichen Flugapparat aus.

*

Dieses Tier tauchte erstmals um 1922 in Mitteleuropa auf, als Forschungsgegenstand wurde es von der Wissenschaft aber erst Mitte der 90er Jahre entdeckt. Erste Studien entstanden am Psychologischen Institut der Universität Bonn, später widmete ihm auch die Ruprecht-Karls-Universität Heidelberg mehrere Untersuchungen. Es liegen Arbeiten u.a. über Typologie, Sozialverhalten (»*crowding*«) und das so genannte »Dosen-Phänomen« vor. Entgegen hartnäckigen Gerüchten ist dieses Wesen nicht vom Aussterben bedroht, die Spezies ist aber Opfer skrupelloser »wissenschaftlicher« Versuche. Einzelne Exemplare wurden grausamen Tests unterzogen. Wir zitieren aus einer Studie des Instituts für Raumfahrttechnik der TU München: »*Als Projektil wurde ein weichelastisches Kompositmaterial mit unregelmäßiger Oberflächengeometrie mit einer typischen Masse von 2,17g gewählt. Die Zusammensetzung aus Glukosesirup, Zucker, Gelatine, Dextrose sowie einigen pflanzlichen Auszügen verleiht dem Material eine hohe Elastizität und eine gute Dichtwirkung.«* Die Spezies tritt in verschiedenen Farben auf. Es wurden rote, grüne, gelbe, ja sogar transparente Exemplare gesichtet. Unklar ist hingegen, ob es auch blaue Ausformungen gibt. Größter natürlicher Feind der Spezies ist der Mensch, vornehmlich der jüngere.

Frage 5: Welche Tiere wurden derart zu »wissenschaftlichen Zwecken« missbraucht?

*

Ein anderes Wesen verkörpert die Symbiose östlicher und westlicher Lebensweisheit:
»Er ist das ideale Beispiel, wie man nach dem Tao lebt. Er ist dazu fähig, sich am Einfachen und Ruhigen, am Natürlichen und Schlichten zu freuen. Er hat nicht viel Verstand, kommt aber nie zu Schaden. Er macht lauter Dummheiten, aber sie gehen immer gut aus.« Eine zoologische Betrachtung liefert genauere Hinweise: Er lebt im Wald und wird häufig in Gesellschaft eines depressiven *equus asinus*, eines flinken *cuniculosus* und eines ungefährlichen *panthera tigris* angetroffen, auch zwei Exemplare der Familie der *macropodidae* zählen zur Runde. Sein bester Freund ist ein naives *sus*.

Frage 6: Wie heißt das gesuchte honigliebende, friedliche Tier?

*

Stichwort »Lebensweisheit«: *»Ich habe die Philosophen und die Katzen studiert, doch die Weisheit der Katzen ist letztlich um ein*

Weites größer«, bekannte der Philosoph Hippolyte Taine. Was nicht weiter wundern sollte: Philosophen haben nur ein Leben, Katzen bekanntlich neun. Aber auch diese neun sind einmal verbraucht, so dass es zu folgender Tagebucheintragung kam: »*Berlin, 1. Dezember 1821: In der Nacht vom 29. bis zum 30. November des Jahres entschlief, um zu einem besseren Dasein zu erwachen, mein teurer geliebter Zögling im vierten Jahre seines hoffnungsvollen Lebens.*« Der Dichter schätzte sein Haustier so sehr, dass er ihm sogar einen Roman widmete.

Frage 7: Wie hieß der Kater von E. T. A. Hoffmann?

*

Bei all seiner Katzenliebe – Peter Panter und Theobald Tiger waren die Pseudonyme eines anderen Schriftstellers.

Frage 8: Wer unterzeichnete seine Artikel in der »Weltbühne« u. a. mit Peter Panter und Theobald Tiger?

*

Wieder ein anderer dichtete: »*Der weiche Gang geschmeidig starker Schritte, / der sich im allerkleinsten Kreise dreht, / ist wie ein Tanz von Kraft um eine Mitte, / in der betäubt ein großer Wille steht.*«

Frage 9: Von wem stammen diese Zeilen?

*

In die Reihe der literarischen Katzen-Fans reiht sich Friedrich Schiller. Von ihm stammt das berühmte Wort: *»Gefährlich ist's den Leu zu wecken / Verderblich ist des Tigers Zahn«*.

Frage 10: Aus welchem Werk stammt dieser Vers?

*

Samtpfoten tauchen auch in Schillers Ballade »Der Handschuh« auf:

Frage 11: »Da speit das doppelt geöffnete Haus
zwei« – ja, welche Katzen? – »auf einmal aus.«

*

Damit das Dutzend voll ist:

Frage 12: Wer erzählt von seinen Abenteuern im
»Reich des silbernen Löwen«?

Auflösung:

1) Habseligkeiten
2) Loriot (Bernhard Victor Christoph-Carl von Bülow, kurz: Vicco von Bülow)
   Das Zitat ist der freien Internet-Enzyklopädie »Wikipedia« entnommen.
3) Geistesgegenwart
4) Libelle
5) Gummibären (Einen genussvollen Überblick findet man unter www.gummibaeren-forschung.de. Hier werden neben der zitierten »Studie« Untersuchungen aus den unterschiedlichsten Bereichen angeführt, u.a. über die Gummibärchen als »*eine Herausforderung der Chemie*«, über den »*Einfluss der Tütenzugehörigkeit auf das Sozialverhalten der Gummibären*«, und zur Frage, »*warum in der Werbung nur weibliche Gummibären eingesetzt werden*«. Interessant erscheinen auch die »*Meilensteine der Gummidichtung. Ein Abriss der Bärchenliteraturgeschichte*«.)
6) Pu der Bär (Kinderbuch von Alan Alexander Milne. *Equus asinus* = Esel, *cuniculosus* = Kaninchen, *panthera tigris* = Tiger, *macropodidae* = Känguru, *sus* = Schwein)
7) Murr (»Lebens-Ansichten des Katers Murr nebst fragmentarischer Biographie des Kapellmeisters Johannes Kreisler in zufälligen Makulaturblättern«, 1819/21)
8) Kurt Tucholsky
9) Rainer Maria Rilke: »Der Panther«
10) »Lied von der Glocke«
11) Leoparden
12) Kara Ben Nemsi (Karl May: »Im Reich des silbernen Löwen«)

Die Fünf, magisch und berauschend

Diese angeblich magische Figur ergibt sich durch Nachziehen der Diagonalen eines regelmäßigen Fünfecks.

Frage 1: Welcher Fuß ist gemeint?

*

Der Name dieses Getränks leitet sich vom Hindi-Wort für »fünf« ab. Denn es enthält traditionsgemäß fünf Zutaten: Rum, Tee, Wasser, Zitrone und Zucker.

Frage 2: Wie wird das berauschende Getränk genannt?

*

Frage 3: Welche Hauptstadt ist über Flüsse und Kanäle mit folgenden fünf Meeren direkt verbunden: mit der Ostsee, dem Weißen Meer, dem Asowschen Meer, dem Kaspischen Meer und dem Schwarzen Meer?

Tiere, gezeichnet, gemalt und gegessen

Am 20. Mai 1515 geht im Hafen von Lissabon ein Schiff mit einer ungewöhnlichen Fracht vor Anker. Neben Holz, Gewürzen und edlen Stoffen aus Indien hat es ein Geschenk von König Muzafar von Kambodscha an den portugiesischen Vize-König an Bord. Albrecht Dürer hat dieses Geschenk, obwohl er es nie selbst gesehen hat, zu einem berühmten Tierbild inspiriert. Das Tier hatte laut Dürer »eine Farbe wie eine gesprenkelte Schildkröte«.

Frage 4: Was zeichnete er?

*

Sein Lebensstil und seine Malerei wurden von Zeitgenossen als »naiv« bezeichnet. Er gilt als Vorläufer des Surrealismus. Zu seinen bevorzugten Motiven zählt der in vielen Grünfacetten leuchtende Dschungel. Meist versteckt lauern dort Tiger und andere Wildkatzen. Er wurde »der Zöllner« genannt.

Frage 5: Wie lautet sein bürgerlicher Name?

*

Das Bild von Pieter Bruegel dem Älteren »Der Streit des Karnevals mit der Fastenzeit« hängt im Kunsthistorischen Museum in Wien. Im Vordergrund sitzt ein Dickwanst auf einem Fass und bedroht seine Gegnerin mit einem langen Bratspieß. Auf diesem stecken ein Schweinskopf, ein Brathuhn und Würste. Seine spindeldürre Kontrahentin hält eine flache Backschaufel als Lanze in Händen.

Frage 6: Welche Speise ist auf der Schaufel zu sehen?

Essen und Philosophie

Frage 7: Ergänzen Sie diesen Satz des Philosophen Ludwig Feuerbach: »Der Mensch ist …«

*

»Erst kommt das Fressen, dann kommt die Moral«, betont Bertolt Brecht.

Frage 8: In welchem Stück?

*

Bei einem Gastmahl kommen Redner wie Aristophanes und Sokrates zu Wort.

Frage 9: Wer hat diese fiktive philosophische Veranstaltung in Dialogform festgehalten?

Auflösung:

1) Drudenfuß (Pentagramm). Galt als Bannzeichen gegen das Böse. Szene in Goethes Faust I, Studierzimmer. Faust zu Mephisto: »*Das Pentagramma macht dir Pein?*« Im Volksglauben konnten nämlich böse Geister durch ein auf die Türschwelle gezeichnetes Pentagramm am Eindringen gehindert werden.
2) Punsch
3) Moskau
4) ein Rhinozeros
5) Henri Rousseau
6) Heringe
7) »…was er isst.«
8) »Die Dreigroschenoper«
9) Platon (»Das Gastmahl«)

Intrige, Liebe, Schmuggel, Mord und stierische Gelüste

Sie ist die Stadt des Stierkampfs, des Flamenco, der Tapas – und der Oper: Sevilla. Die Hauptstadt Andalusiens ist Schauplatz dieser sechs, nein: sieben Opern. Die erste, 1782 in St. Petersburg uraufgeführt, griff auf eine Komödie von Beaumarchais zurück. *»Alle Vorsicht war vergebens«*, heißt es ironisch bedauernd im Untertitel.

Frage 1: Wie lautet der bekannte Titel der wenig bekannten Oper?

*

Das zweite Werk hat das erste zum Vorbild. Die Uraufführung der heiteren Oper gestaltete sich alles andere als heiter, sie wurde zu einem der schönsten Premierenskandale der Musikgeschichte. Aber schon mit der zweiten Aufführung beginnt für Rossinis »Barbier von Sevilla« der Siegeszug. Figaro erweist sich – offenbar einem zeitgeistigen Klischee folgend – als wahrer Meister der Intrige. Das Image der Barbier-Branche dürfte damals, wie die Sprache verrät, nicht das beste gewesen sein. Wer jemanden »einseift« oder »über den Löffel balbiert«, will nichts Gutes tun, sondern schlicht betrügen. Bei den Barbieren war es Brauch, alten, zahnlosen Kunden einen Löffel in die eingefallene Wange zu stecken, um sie besser rasieren zu können.

Frage 2: Wer wird von Figaro im zweiten Akt tatsächlich eingeseift?

*

Das dritte Werk mit Schauplatz Sevilla knüpft an das zweite an, man könnte es auch als Fortsetzung bezeichnen. Wieder hat Beaumarchais die Textvorlage geliefert, wieder ist es ein charmantes Intrigenspiel, diesmal aber mit kaum versteckter politischer Brisanz. *»Da war schon die Revolution in Aktion«*, urteilte später Napoleon. Und Peter Turrini kommentiert: *»Bei Beaumarchais besiegt der Witz die Gewalt, Figaro den Grafen.«* Im vorrevolutionären Paris war das Stück drei Jahre lang verboten. Wien wollte da zensurmäßig nicht nachstehen. Tolldreist war es daher von Mozart, seinem neuen Librettisten Da Ponte ausgerechnet »Figaros Hochzeit« als Vorlage für eine neue Oper vorzuschlagen.

Frage 3: Welches feudalistische Recht wird in diesem Stück satirisch bekämpft?

*

Gleicher Komponist (Mozart), gleicher Librettist (Da Ponte), gleicher Schauplatz: Ein notorischer Frauenverführer treibt in Sevilla sein Unwesen. In Deutschland hatte Don Giovanni 231 Frauen verführt, in Frankreich »nur« 100. Themenadäquat eine Frage in Macho-Manier:

Frage 4: Wie viele Damen eroberte Don Giovanni in Spanien, ehe er zur Hölle fuhr?

*

Ein Palast in Sevilla – das Schicksal nimmt von hier aus seinen verhängnisvollen Lauf, der Zufall zeigt Leonora (Tochter des Marchese), Alvaro (Geliebter) und Don Carlos (Bruder) seine Macht: Zufällig löst sich ein tödlicher Schuss, zufällig treffen sich Rächer und Verfolgter, zufällig kommt es gerade vor Leonoras geheimem Rückzugsort zum tödlichen Duell. Auch Leonora kommt zu Tode.

Frage 5: Wer stößt ihr den Dolch ins Herz?

*

Und wieder Sevilla. Diesmal heißt sie Leonore, gibt sich aber als »Fidelio« aus, um Florestan, ihren Mann, aus dem Kerker zu befreien. Zum glücklichen Ende wird das hohe Lied der Gattenliebe gesungen und – wie könnte es bei Beethoven anders sein – die Freiheit bejubelt. Was aber wäre finale Freude ohne entsprechendes Vorspiel? Dieses jedoch bereitete Beethoven einiges Kopfzerbrechen.

Frage 6: Wie viele Ouvertüren hat der Meister für »Fidelio« geschrieben?

*

Bleibt noch jene Oper, die wohl zuallererst mit Sevilla in Verbindung gebracht wird: »Carmen«, das Spiel um Eifersucht und Mord, Stierkampf und (Drogen-)Schmuggel. Ein 1983 gedrehter Film hatte den Carmen-Stoff in die Gegenwart transferiert und im Flamenco-Milieu angesiedelt, mit den Flamenco-Stars Antonio Gades und Laura del Sol in den Hauptrollen.

Frage 7: 14 Jahre später drehte der gleiche Regisseur »Tango«. Wer inszenierte »Carmen«?

*

Frage 8: Welcher spanische Gitarrist ist darin in der Rolle des »Paco« zu sehen?

*

Flamenco und Stierkampf haben zumindest eines gemeinsam: ritualisierte Bewegungen. Stierkampf und Stier haben viele Künstler fasziniert. Picasso hat sich in vielen Arbeiten mit dem Stier-Motiv auseinander gesetzt, in Zeichnungen, in Gemälden, aber auch in Objekten. Einer seiner bekanntesten Stierschädel ist aus zwei Fundgegenständen angefertigt.

Frage 9: Der eine ist ein Fahrradsattel. Was ist der zweite Gegenstand?

*

Picasso hat sich auch immer wieder von Meisterwerken früherer Epochen inspirieren lassen. Rund 300 Jahre nach seiner Entstehung malte Picasso seine Version des Gemäldes »Las Meniñas«. Das Vor-Bild zeigt die Infantin Margarita mit anderen Personen und einem Hund im Atelier des Künstlers. Der Maler – er ist Porträtist am Hofe König Philipps IV. – hat sich selbst abgebildet.

Frage 10: Wer hat dieses Bild gemalt?

*

Von einem späteren spanischen Hofmaler, von Francisco Goya, stammen die Grafik-Zyklen »Caprichos« und »Stierkampf«. In dem Bild »Die Erschießung der Aufständischen« prangert Goya die Brutalität des spanischen Befreiungskrieges an.

Frage 11: Welcher Kaiser war der Gegner?

*

In dem Land dieses Herrschers gibt es einen »Saal der Stiere«.

Frage 12: Wo befindet sich dieser Saal?

*

»Bei Herakles!« – Sie haben es erraten: Protaximenes ist wie Deus ex Machina aufgetaucht. – »Wenn Sie diese Aufgaben richtig gelöst haben, kann ich nur Beifall zollen: Toll den Stier bei den Hörnern gepackt! Da hätte sich sogar Pasiphae was abspicken können!« Und weg ist er. Wie so oft lässt Protaximenes die Zuhörerschaft verblüfft und ratlos zurück. Wer ist Pasiphae? Und was hat sie mit Stieren zu tun?

Frage 13: Wer ist der Sohn von Pasiphae?

*

Frage 14: Wer tötete ihn?

*

Noch ein Stier, diesmal ist es ein österreichischer. Der Kabarett-Preis »Salzburger Stier« ging 2004 an Severin Gröbner. In einem seiner Programme durchstreift Gröbner als Suchender die Weltgeschichte und blättert im »*Buch über das Lachen*«. Bekannt ist das Buch unter dem Titel »*Poetik*«.

Frage 15: Wer beschreibt darin »die Epik und die tragische Dichtung, ferner die Komödie und die Dithyramben-Dichtung sowie das Flöten- und Zitherspiel« und bezeichnet sie allesamt als Nachahmungen?

Auflösung:

1) »Der Barbier von Sevilla« (von Giovanni Paisiello)
2) Doktor Bartolo
3) »Recht der ersten Nacht« (oder: ius primae noctis. Das war das Recht eines Fürsten, mit allen Frauen seines Herrschaftsbereichs die Hochzeitsnacht zu verbringen.)
4) 1003
5) Don Carlos (Leonores Bruder, in Verdis »Die Macht des Schicksals«)
6) vier
7) Carlos Saura
8) Paco de Lucía
9) Lenkstange (eines Fahrrads, Objekt »Stierschädel«, Picasso 1943)
10) Diego Velazquez (geboren in Sevilla)
11) Kaiser Napoleon I.
12) in der Höhle von Lascaux (In der Höhle befinden sich rund 17 000 Jahre alte Wandmalereien. Lascaux liegt im französischen Département Dordogne.)
13) Minotaurus (Pasiphae, Tochter des Helios, Gattin des Minos, zeugte mit dem »Stier von Kreta« den Minotaurus. Halb Mensch, halb Stier hauste der Minotaurus in dem von Dädalus erbauten Labyrinth.)
14) Theseus (Herakles hatte in Erfüllung seiner siebenten Aufgabe den »Stier von Kreta«, also den Vater des Minotaurus getötet. Dieser von Poseidon entsandte Stier hatte nach der Zeugung des Minotaurus das Inselreich verwüstet.)
15) Aristoteles

Das Gehör von Berlinern und schwärmerische Gesänge

Protaximenes sitzt in einer Ecke des Redaktionszimmers und blickt konspirativ um sich: »Sie haben wohl keine Ahnung, was diesmal das Thema ist, oder?« Sie werden jetzt vielleicht die Augenbraue hochziehen. Der Hausphilosoph macht sich wieder einmal wichtig: »Ich habe mich hier umgehört«, flüstert er. »Ich darf Ihnen verraten: Wenn Sie eine Ahnung hätten, wären Sie – sprachlich nicht korrekt, aber doch – auf der richtigen Spur! Vor allem wenn Sie Berliner sind. Ah, sind Sie nicht? Aber Sie hören doch zumindest so gut wie ein Berliner, oder? Die nehmen nämlich eine zierliche *Luscinia megarhynchos* bei ihrer Nahrungssuche überdeutlich wahr, so als würde sie mit Stiefeln durchs Unterholz trampeln. Wie? Pardon, mein Latein ist wieder mit mir durchgegangen. Sie misst vom Schnabel bis zur Schwanzspitze 17 Zentimeter und gehört zur Familie der Fliegenschnäpper. Ihr betörender Gesang bringt nach altem Glauben dem Sterbenden einen sanften Tod und dem Kranken eine rasche Genesung. Dämmert's jetzt? Sie hören sie schon?«

Frage 1: Welcher Vogel tritt angeblich so laut auf?

*

»Genau: ›*Es war die Nachtigall und nicht die Lerche*‹«, zirpt Protaximenes, Shakespeare zitierend. »Dazu möchte ich nur feststellen: Romeo erwies sich als der bessere Ornithologe. Denn ›*es war die Lerche, die Heroldin des Morgens, nicht die Nachtigall.*‹ Das konnte ja nicht gut gehen. Die beiden Liebenden waren sich ja nicht einmal in der Vogelkunde einig! So pflanzt sich das Schicksal der beiden verfeindeten Familien fort. Romeo, war ein … Dings … und die Julia stammte aus dem Hause der, … na der Dings.«

Frage 2: Helfen Sie doch Protaximenes auf die Sprünge: Who was who?

*

Zu spät, Protaximenes ist in den Boden versunken. Die Berliner Redewendung »*Nachtigall, ick hör dir trapsen!*« soll eine Verballhornung dieser Verszeilen sein:

Nachtigal, ich hör dich singen,
Das Herz möcht mir im Leib zerspringen,
Komme doch und sag mir bald,
Wie ich mich verhalten soll.

So beginnt das Gedicht »*Frau Nachtigal*«. Es stammt aus einer Sammlung, die einem offenbar musikalisch höchst begabten männlichen Kind gewidmet ist.

Frage 3: Welches Instrument spielt es?

*

Die Nachtigall und die Liebe: »*Die Nachtigall verstand den geheimnisvollen Kummer des armen Jungen, und sie saß schweigend in ihrem Baum und dachte über das Geheimnis der Liebe nach.*« Der Junge, bedauert auch von Eidechslein und Schmetterling, weinte um eine rote Rose.

Frage 4: Wer schrieb dieses Märchen?

*

Ein anderer romantischer Schriftsteller schwelgt in Frühlingsstimmung:

»*Im wunderschönen Monat Mai,*
Als alle Knospen sprangen,
Da ist in meinem Herzen
Die Liebe aufgegangen.

Und wenn du mich lieb hast, Kindchen,
Schenk ich dir die Blumen all,
Und vor deinem Fenster soll klingen
Das Lied der Nachtigall.«

Frage 5: Welcher Dichter »singt« so schwärmerisch?

*

»Wie die Alten sungen, so zwitschern auch die Jungen.« Nestroy stellt den Spruch auf den Kopf. Er besingt das harte Los einer alternden Nachtigall:

»A Sängerin hat g'sungen wie Sphärenharmonie,
Wann s' der Schnackerl hat g'stoßen, war's Feenmelodie.
Diese Stimm, das is was Unerhörtes gewest,
Aus Neid sein die Nachtigall'n hin wor'n im Nest;
Silberglocken war'n rein alte Häfen gegen ihr;
Sechs Jahr drauf kriegt ihr Stimm a Schneid wie's Plutzerbier.
Jetzt kraht s' nur dramatisch, frett't sich durch mit'n Spiel;
Ja, die Zeit ändert viel.

Frage 6: Der Sänger hat rote Haare. Wie heißt er?

*

Frage 7: Ihm wird eine schwarze Perücke geschenkt, das ist laut Stücktitel sein …?

*

Hier ist noch einer, der die Nachtigall hört: »*Ach, wie sein ick doch vergnügt! Ein ganzer Jahr hab ich der Gegend nicht gesehen. Die Nacht war mir zu lang. Ich hatte fünfzig Dukaten auf eine Karte gesetzt, hatt sie gewonnen, da schlug der Nachtigall, ich lief davon, der Geld blieb stehn und war perdu. Doch was sein Dukatenglanz gegen Morgenrot! Prächtiger Tag!*«

Frage 8: In welchem Stück werden diese Worte gesprochen?

*

In einem anderen Werk von Ferdinand Raimund, in der »Gefesselten Phantasie«, tritt ein Herr Nachtigall auf. Der

Schauspieler Karl Ludolph wollte das Stück als Benefiz im Theater an der Wien mit Johann Nestroy als Nachtigall aufführen. Doch Raimund lehnte ab: »*Dann – habe ich allen Respekt vor HE Nestroi, wenn er auch gar keinen vor mir hat, aber wenn meine Stücke, so lange sie noch ungedruckt sind, an der Wien aufgeführt werden, so wünsche ich, dass die Hauptrolle (Nachtigall) in meinem Geiste gegeben wird, wodurch die Stücke allein in ihrer wahren Gestalt erscheinen.*« Das »Originalzaubermärchen« wird schließlich am 8. Jänner 1828 im Theater in der Leopoldstadt mit Raimund selbst in der Hauptrolle uraufgeführt.

Frage 9: Nachtigall ist Musiker. Er spielt das gleiche Instrument wie Apoll. Welches?

*

Diese Nachtigall ist kein Vogel, gibt aber ebenfalls bezaubernde Töne von sich. Andere Objekte ihrer Art sind nach dem Ort benannt, wo sie gefunden oder aufbewahrt wurden. Sie heißen »Modena«, »Spanish Court«, »Irish Academy« oder »Cremona«. Oder die Bezeichnung lässt auf das Aussehen schließen: »Roter Diamant«, »Delphin«, »Tizian« oder »Venus«.

Frage 10: Wie heißt der Hersteller dieser Objekte? Hinweis: Manche tragen den Namen ihres einstigen Besitzers, »König Maximilian« etwa, oder »Paganini«.

*

Jetzt ist gleich von drei Vögeln die Rede. Nein, nicht wirklich, es klingt nur so. In Wahrheit sind es zwei, nämlich »Der Kuckuck und die Nachtigall«. Das ist der Beiname eines Orgelkonzerts.

Frage 11: Welcher Barockkomponist hat es geschrieben?

*

Nussdorf und Grinzing – ehemals Vororte von Wien: *»Hier habe ich die Szene am Bach geschrieben, und die Goldammern da oben, die Wachteln, Nachtigallen und Kuckucke ringsum haben mitkomponiert«.*

Frage 12: Und wohl deshalb sind Nachtigall und Kuckuck in dem »ländlichen« Werk zu hören. Wer schrieb es?

*

Derselbe Komponist soll bekannt haben: *»Ein Baum bedeutet mir mehr als ein Mensch.«*
Ein anderer Künstler war es aber, der die Nachtigall während eines Schäferstündchens »Unter der Linde« vernommen hat:

»Unter der Linde an der Heide
wo unser beider Bette war
dort könnt ihr finden
beides, liebevoll zerdrückte
Blumen und Gras

vor dem Walde in einem Tal
Tandaradei,
schön sang die Nachtigall.«

Frage 13: Der Autor dieses Liebesgedichts – er war auch Sänger – trägt einen anderen Baum im Namen. Ob er während des Dichtens auf einem Stein saß, wissen wir nicht. Wer ist es?

*

Es heißt vom Thema Abschied nehmen:

»Der Trennung Stunde hör ich immer hallen
So dumpf und hohl,
Mir tönt im Abendlied der Nachtigallen
Dein Lebewohl!«

Diese ergreifenden Zeilen »An den fernen Geliebten« stammen von Christian Ludwig Reissig und wären – so lässt sich mutmaßen – in Vergessenheit geraten, hätte sich nicht 1809 ein naturliebender Komponist ihrer angenommen.

Frage 14: Die leichte Frage zum kurzen Abschied: Wer schrieb die Melodie zu diesem Gedicht?

Lohnakonto		
Akonto für Folgemonat		
Auszahlungsbetrag:		
Sachbezug		
GSVG-Beitrag		0,0
Freibetr. wg. Grgfggkt.		0,0
Bem.f. DB, DZ, KommSt		64.780,0
SV - AGA		
DB		
DZ		
KommSt.		
Dienstgeberabgabe		

Zu zahlende Abgaben an
Lohnsteuer
DB
DZ
Gesamt an FA:

Zu zahlende Abgaben an
Komm.Steuer
Dienstgeberabgabe
Gesamt an Magistrat:

Es sind k e i n e Abgaben an Finanzam

Auflösung:

1) Nachtigall
2) Romeo war ein Montague, Julia gehörte den Capulets an.
3) Wunderhorn (»Des Knaben Wunderhorn« von Clemens Brentano)
4) Oscar Wilde (»Die Nachtigall und die Rose«)
5) Heinrich Heine (»Im wunderschönen Monat Mai« aus dem »Buch der Lieder«)
6) Titus Feuerfuchs
7) Talisman (»Der Talisman«)
8) »Der Verschwender« (Ferdinand Raimund), Auftritt von Chevalier Dumont
9) Harfe (Nachtigall ist Harfenist. Apoll, der Gott der Musik, war Meister der Harfe.)
10) Antonio Giacomo Stradivari (1644 bis 1737, italienischer Geigenbaumeister aus Cremona)
11) Georg Friedrich Händel
12) Ludwig van Beethoven (Symphonie Nr. 6, F-Dur, op. 68, »Pastorale« oder »Die Ländliche«)
13) Walther von der Vogelweide (Der Minnesänger schrieb auch die bekannten Zeilen: *»Ich saz ûf eime steine / und dahte bein mit beine, / dar ûf satzt ich den ellenbogen …«*)
14) Ludwig van Beethoven (op.75-5, »Sechs Gesänge«)

Der frühkindliche Dieb, die barmherzige Schwester und verruchte Engel

Er war ein absolut frühreifes Kind. Früh am Morgen geboren, entstieg er der Wiege noch am Tage der Geburt, um seinem Bruder sogleich die Rinder zu stehlen. »Deswegen wurde er auch zum Schutzgott der Diebe – und der Kaufleute!« Kaum beginnt eine Geschichte, schon mischt sich Protaximenes mit zynischen Bemerkungen ein. »Na gut, wir haben ihn auch zum Beschützer der Hirten, der Wege und des Verkehrs gemacht. Und weil er mit diesem Riesenressort so vielbeschäftigt war, haben wir ihn – gratis, ganz ohne Feilschen – mit Hightech-Schuhen ausgestattet.« Unser Gschaftlhuber, pardon: Hausphilosoph, zieht das Foto einer Statue aus dem Umhang. »Hier, sehen Sie, diese wunderbaren geflügelten Schuhe! Hat er auch gebraucht, denn im Hauptberuf war er oberster Briefträger.«

Frage 1: Von wem spricht Protaximenes?

*

»Vom Götterboten!« Protaximenes sticht mit dem pädagogischen Zeigefinger in die Luft: »Bote heißt bei uns Altgriechen übrigens ›ángelos‹. Damit ihr wisst, wo eure Engel herkommen!« In ihrer Widersprüchlichkeit haben sie schon einiges gemeinsam, der Hermes und die Engel. Es gibt Erz-, Schutz-, liebe, aber auch Rache-, Würge-, Todes- und gefallene Engel. Sie sind unsichtbare Wesen, können sich jedoch sichtbar machen, altern nicht und ihr Geschlecht ist nicht genau definiert – meist sind sie androgyn. Ganz unschuldig schauen sie drein, die pausbäckigen Kinder, Knäblein wahrscheinlich. Sind sie aber wirklich so unschuldig, diese barocken Blasengerl? »Ja, ja, diese Kunstfiguren sollen Nachfahren unseres Gottes der Liebe, des Eros, sein! Die deutsche Bezeichnung soll übrigens aus dem Lateinischen kommen, in dieser neumodischen Sprache war ich aber nie besonders gut.« Die Stimme wird leiser. Protaximenes hat sich verschämt in Luft aufgelöst.

Frage 2: Wenn unser Hausphilosoph einmal
eine Schwäche eingesteht, dann sollte ihm geholfen
werden. Wie werden in der Kunst die laut
Lexikon-Definition »nackten oder leicht
bekleideten Kindergestalten mit oder
ohne Flügel« genannt?

*

Wenn sich Engel alles andere als engelhaft verhalten, dann spricht man von einem »verruchten Engel«. Dieser verruchte Film-Engel singt, ist von Kopf bis Fuß auf Liebe eingestellt, aber nicht, wie man meinen sollte, blau.

Frage 3: Das ist eine andere, nämlich …?

*

Die gesuchte charismatische Blondine war bestbezahlte Schauspielerin Hollywoods und das Sexsymbol der 1920er und 1930er Jahre. »*I am no angel*«, singt sie selbstbewusst und swingend im gleichnamigen Hollywood-Film. Im prüden Amerika war sie Ziel von Hetzkampagnen zum »Schutz der Moral«. Berühmt wurde sie mit ihrem Theaterstück »Sex«, das ihr wegen Obszönität einige Tage Gefängnis einbringt. Sie versteht es auch, mit provokativen Sprüchen von sich reden zu machen: »*Was zählt, sind nicht die Männer in meinem Leben, sondern das Leben in meinen Männern.*« 1936 dreht sie »*Go West, Young Man*« mit Randolph Scott an ihrer Seite.

Frage 4: Der junge Mann führt Sie direkt zu ihr:
Wie heißt der Filmstar?

*

Noch ein verruchter Engel: Die Roman-Figur wurde von Vladimir Nabokov erfunden und von Stanley Kubrick erstmals verfilmt. Ein älterer Mann mit pädophiler Neigung, gespielt von James Mason, verliebt sich in seine Stieftochter und beginnt mit ihr eine sexuelle Beziehung. Sie verlässt ihn, heiratet und wird schwanger. Er bringt ihren Mann um.

Frage 5: Frühreifes Luder oder
unschuldig-kindlicher Engel? Wie heißt
das Mädchen mit Vornamen?

*

»Hells Angels« heißt ein 1930 gedrehter Film, bei dem der Hollywood-Produzent selbst Regie führte. Die bis dahin teuerste Produktion der Filmgeschichte brachte es zu einer Oscar-Nominierung. Der Produzent und Regisseur war auch Zeitungsmagnat und Flugzeug-Liebhaber. Als Testpilot seiner selbst entwickelten Maschinen stellte er Geschwindigkeitsrekorde auf. 1938 schaffte er mit 91 Stunden die schnellste Erdumrundung. Schlagzeilen machte der vielseitige Milliardär auch durch seine Beziehungen zu Ava Gardner, Bette Davies und Katharine Hepburn.

Frage 6: Wer machte Jean Harlow und
Jane Russell zu Filmstars?

*

Frage 7: Das Leben des fliegenden Milliardärs
wurde drei Mal verfilmt. Zuletzt von
Martin Scorsese mit Leonardo di Caprio
in der Hauptrolle. Unter
welchem Titel?

*

»Erst das Staunen über uns zwei, über den Mann und die Frau, hat mich zum Menschen gemacht. Ich weiß jetzt, was kein Engel weiß.« In Begleitung seines »himmlischen« Kollegen Cassiel wandelt der Engel Damiel unsichtbar durch die Stadt. Nur Kinder können die beiden Lichtwesen sehen. Damiel verliebt sich in die Trapezkünstlerin Marion – und hat von nun an nur mehr einen Wunsch: Ein Mensch und damit sichtbar

zu werden. Der Preis für die irdische Existenz: Er muss auf seine Unsterblichkeit verzichten.

Frage 8: In welcher Stadt ereignet sich dieses filmische Märchen?

*

Der Co-Autor des Drehbuchs zu diesem Film hat davor von Zeiten erzählt, *»Als das Wünschen noch geholfen hat«*.

Frage 9: Welcher Büchner- und Kafka-Preisträger schrieb auch über »Die Stunde der wahren Empfindung« und über »Das Ende des Flanierens«?

*

»Jedes Mal, wenn ein Kind stirbt, geht ein Engel durch den Raum.« Ein Zitat aus dem 1958 gedrehten Kriminalfilm *»Es geschah am helllichten Tag«* . Ein Kindesmord in Graubünden. Gert Fröbe spielt den Mörder. Inspektor Matthäi, dargestellt von Heinz Rühmann, stellt ihm eine Falle. Matthäi mietet eine Tankstelle, nimmt eine junge Frau mit Töchterchen ins Haus und benutzt das Mädchen als Köder.

Frage 10: Das Drehbuch war eine Auftragsarbeit. »Das Versprechen« nannte der Autor seinen späteren Kriminalroman. Wer hatte schon Jahre vor Matthäi Kommissär Bärlach recherchieren lassen – in den Romanen »Der Richter und sein Henker« und »Der Verdacht«?

Ein musizierender Engel ist das Firmenemblem über dem Haus der Wiener Klavierbauer-Familie Alt. Er gab dem Familienroman und der gleichnamigen Verfilmung mit Paula Wessely den Titel.

Frage 11: Welches Instrument spielt der Engel laut Roman und Filmtitel?

*

Ein »Engel der Menschheit«, der in viktorianischem Outfit auftrat:
- Sie wurde nach der italienischen Stadt benannt, in der sie geboren wurde.
- Sie war die erste Frau, die in die Britische Königliche Statistische Gesellschaft berufen wurde.
- Ihr Spezialgebiet: Gesundheits- und Hygienebereich.
- Ihr wird die Erfindung des so genannten »Torten-Diagramms« zur Veranschaulichung statistischer Größen zugeschrieben.
- Sie reist nach Ägypten und Griechenland, um die sozialen Verhältnisse zu studieren.
- Mit 30 Jahren wird sie Krankenschwester in einem Spital und Waisenhaus in Düsseldorf.
- Berühmt wurde sie schließlich durch ihren humanitären Einsatz während des Krimkrieges.
- Henri Dunant, der Gründer des Roten Kreuzes, bezeichnete sie als sein großes Vorbild.
- Sie wird als die »Frau mit der Lampe« dargestellt.

Frage 12: Wo wurde dieser Engel geboren?

Zum Schluss treten blitzschnell hintereinander sechs Engel auf. Sie geben sich über Zeit und Raum hinweg die Klinke in die Hand: »*Mein Engel, mein Alles, mein Ich*« . Dieser Liebesbrief der Musikgeschichte verbirgt bis heute seine Adressatin. Es könnte Therese Malfatti oder Josephine Brunswick gewesen sein. Der Absender ist ein Komponist, er blieb sein Leben lang unverheiratet.

Frage 13: Es war …?

*

Unsterblich verliebt ist ein junger Mann in die Gräfin einer Mozart-Oper. Er trägt den Namen eines Engels und singt wunderschön. Der Verliebte, von einer Frau gesungen, muss sich in der Oper als Mädchen verkleiden. Der Geschlechtertausch unterstreicht das Engelhafte.

Frage 14: Der junge Mann heißt … ?

*

Das Jahr 40 000. Eine Frau, dargestellt von Jane Fonda, kämpft gegen einen intergalaktischen Unhold. Sie wird von einem blinden Engel begleitet.

Frage 15: Die puppenhafte, sinnliche
Weltraumheldin heißt …?

*

In einer US-amerikanischen Fernsehserie der 70er Jahre leisten sie 109 Mal Detektivarbeit. Ihr Chef kam jedoch nie ins Bild, seine Stimme war nur über Lautsprecher zu hören.

Frage 16: Die drei Engel arbeiteten für …?

Auflösung:

1) Hermes (Sohn des Zeus und der Nymphe Maia)
2) Putten (lat.: putus = Knäblein)
3) Marlene Dietrich (als »Blauer Engel« im Film von Josef von Sternberg)
4) Mae West (Noch als 84-Jährige protzt sie mit ihrem Sex-Appeal: »*An orgasm a day keeps the doctor away*«.)
5) Lolita
6) Howard Hughes
7) »The Aviator« (mit Cate Blanchett als Katharine Hepburn und Kate Beckinsale als Ava Gardner)
8) Berlin (Film von Wim Wenders: »Der Himmel über Berlin«)
9) Peter Handke
10) Friedrich Dürrenmatt
11) »Der Engel mit der Posaune« (Roman von Ernst Lothar / Film von Karl Hartl)
12) Florenz (Florence Nightingale)
13) Ludwig van Beethoven
14) Cherubin
15) Barbarella (von Roger Vadim, mit John Phillip Law als Engel Pygar)
16) Charlie

Bei Tisch gedreht

Vier Männer treffen sich, um sich zu Tode zu essen. Die vier Protagonisten führen die realen Vornamen der Schauspieler, nämlich Ugo, Philippe, Marcello und …

Frage 1: … wer ist der vierte?

*

1990 drehte Peter Greenaway einen Film, der fast zur Gänze in einem Restaurant spielt. Am Ende wird dem Ehemann der Liebhaber seiner Frau als Mahlzeit vorgesetzt.

Frage 2: Welche Profession hat der Ehemann laut Titel?

*

Eine Gruppe gut situierter Personen lädt sich gegenseitig zum Essen ein. In einer Szene bei Tisch sitzen sie aber nicht auf Sesseln, sondern auf WC-Schüsseln.

Frage 3: Welcher Regisseur drehte diese nicht sehr diskrete Szene?

Film-Requisiten

Ein Safeschlüssel in einem Aquarium.

Frage 4: Wie heißt der Fisch?

*

James Stewart mit Fotoapparat im Rollstuhl. Er sieht Koffer und Säge.

Frage 5: Wo sitzt er laut Filmtitel?

*

Augentropfen, Knüppel und Melone, dazu Beethoven.

Frage 6: Was ist orange?

Opern-Requisiten

Hirsch, Waschkorb und dicker Bauch.

Frage 7: Welche Oper?

*

Brennholz, Wein und Muff.

Frage 8: Welche Oper?

*

Geige, singender Gletscher und Lokomotive.

Frage 9: Wer spielt auf?

Auflösung:

1) Michel. Film: »Das große Fressen« von Marco Ferreri, mit Ugo Tognazzi, Philippe Noiret, Marcello Mastroianni und Michel Piccoli
2) Dieb. Film: »Der Koch, der Dieb, seine Frau und ihr Liebhaber«
3) Luis Buñuel. Film: »Der diskrete Charme der Bourgeoisie«
4) Wanda. (»Ein Fisch namens Wanda« mit Jamie Lee Curtis, John Cleese und Kevin Kline; Regie: Charles Crichton, Oscar-Nominierung)
5) am »Fenster zum Hof« (von Alfred Hitchcock)
6) Uhrwerk (»Uhrwerk Orange« von Stanley Kubrick)
7) Falstaff (Giuseppe Verdi)
8) La Bohème (Giacomo Puccini)
9) Jonny (»Jonny spielt auf« von Ernst Křenek)

Von Rätselkönigen, ungewöhnlichen Erdbewohnern, seltsamen Geräuschen und richtig sitzenden Hosen

Es ist ein wahres Kreuz mit den Rätseln: Wer sie löst, findet sie zu leicht, wer scheitert, zu schwer. Es ist eine Gratwanderung zwischen allgemeinem Bildungsgut und Spezialwissen. Eher risikolos ist der Griff zurück auf Altbewährtes, auf ein historisches Rätsel: *»Was geht am Morgen auf vier, am Mittag auf zwei und am Abend auf drei Beinen?«*, fragte die Sphinx. Die Antwort ist wohlbekannt: Der Mensch.

Frage 1: Wer aber löste das Rätsel als Erster?

*

Aus späterer Zeit ein anderes historisches Rätsel:
»Ich bin ein sonderbares Ding. Ich habe keine Seele und keinen Körper. Man kann mich nicht sehen, aber hören. Ich existiere von mir selbst nicht, nur ein Mensch kann mir das Leben geben, sooft er will. Mein Leben ist nur von kurzer Dauer, denn ich sterbe fast in dem Augenblicke, da ich geboren werde. Demjenigen, der mir das Leben gibt, tu ich nichts. Aber demjenigen, weswegen ich geboren werde, lasse ich die kurze Dauer meines Lebens doch mit Schmerzen empfinden, bis ich verscheide.«
Die authentische Lösung des Rätsels ist nicht überliefert, da sind wir auf Vermutungen angewiesen. Der Autor behaup-

tete jedenfalls von sich: *»Ich bin ein Rätsellöser, der jedes Rätsel knackt.«* Und: *»Der Spaß ist umso größer, wenn es verzwickt ist und vertrackt.«* Er war in der Tat ein verspielter Typ. Er schrieb eine »Würfelkomposition«: Man werfe zwei Würfel und zähle die Augen. Dann wähle man aus der Abteilung »erste Takte« den zugehörigen Takt aus, dort stehen elf Takte mit den Nummern zwei bis zwölf zur Auswahl, usw. Insgesamt ermöglicht diese Methode 759 499 667 166 482 Variationen.

Frage 2: Wer hat sich das Rätsel vom »sonderbaren Ding« ausgedacht?

*

Die Musik und die Zahlen – das ergibt besondere Beziehungen: Ein junger Musiker, der in den USA bei Arnold Schönberg Musikunterricht nahm, legte dem Meister der Zwölfton-Technik zu Beginn der zweiten Stunde eine kleine Komposition vor. Schönberg sah sich das Werk an und meinte, sein Schüler möge doch künftig keine Kompositionen mehr schreiben, wenn er nicht begründen könne, weshalb jede einzelne Note genau an diesem und keinem anderen Platz stehen müsse. Und das war auch schon das Ende der Beziehung zwischen Schönberg und seinem später berühmten Schüler.

Frage 3: Welcher »einmalige« Schönberg-Schüler nimmt bei (fast) jedem seiner Konzerte fünf Viertel?

*

Apropos Schönberg: Der alttestamentarische Jakob sah sie im Traum, Schönberg schrieb ein gleichnamiges Oratorium, sie befindet sich auf Schiffen, sie ist eine Pflanze.

Frage 4: Was ist es? Nur einen Schritt
weiter ist es zu der halb durchsichtigen,
aber trotzdem nicht
einfachen …

*

Frage 5: Aus welchem Material besteht
laut Titel die Leiter einer
Rossini-Oper?

*

Mit beiden Beinen wieder fest am Boden, begeben wir uns auf die Suche nach einem Erd(en)bewohner: Die Spezies mit der lateinischen Bezeichnung *nanus hortorum vulgaris* wurde im 18. Jahrhundert erstmals gesichtet. Die einzelnen Exemplare der Gattung sind fast ausschließlich männlichen Geschlechts und bis zu 68 Zentimeter groß – es sind aber auch schon größere gesichtet worden. Die weltweite Population wird auf 100 Millionen geschätzt, Tendenz stark steigend. In manchen Ländern wie Deutschland wird ihre Zahl bald die der menschlichen Bevölkerung übersteigen. Keine bedrohte Spezies also, aber in den letzten Jahren der kommerziellen Ausbeutung anheimgefallen. In Frankreich und anderen Ländern hat sich zu ihrem Schutz eine militante ›Befreiungsfront‹ gebildet, die spektakuläre Rettungsaktionen durchführt. Zu ihren Forderungen gehört die Einführung von strengen Strafen für betrunkene Rasenmäherfahrer.

Frage 6: Welche Spezies, die nicht nur
bei Schönwetter Leitern benutzt, entspricht
dieser Beschreibung?

*

Lustwandelnd im Garten sticht geradezu physisch ein Problem mehr in den Fuß, denn ins Auge. Es sind »*Pflanzen, die neben den Pflanzen wachsen, die der Mensch gepflanzt hat*«.

Frage 7: Wie lautet der Sammel- bzw. Überbegriff?
Ohne die LeserInnen pflanzen zu wollen –
Grünbewegte stellen in Abrede, dass es das
Gesuchte überhaupt gibt.

Auflösung:

1) Ödipus
2) W. A. Mozart. (Per E-Mail wurde uns die Vermutung dargebracht, *»dass die Antwort – und man kann es nicht anders sagen – ›Furz‹ lautet.«*
3) Dave Brubeck (»Take Five« ist die berühmteste Nummer des Dave Brubeck Quartetts. Der Pianist spielt nach eigenen Angaben bei – fast – jedem Konzert diese Komposition des Altsaxophonisten Paul Desmond im 5/4-Takt.)
4) Jakobsleiter
5) Seide (»Die seidene Leiter«)
6) Gartenzwerg
7) Unkraut

Von Fuß bis Kopf – nicht nur modische Fragen

Protaximenes, diesmal in besonders feines Tuch gekleidet, tritt auf: »Gestatten Sie, dass ausnahmsweise einmal ich die Frage stelle? Wer war der erste Modekritiker?« Der antike Quizmaster gewährt keine Bedenkzeit. »Plato natürlich! Als Plato einmal rein zufällig bei einem Szene-Catwalk vorbeikam – die hippen Events fanden damals in Höhlen statt –, betrachtete er mit kritischem Auge die sich im Fackelschein dahinwiegenden Models. Die neuesten Chiton- und Himation-Kreationen* ließen ihn sichtlich kalt. Plato blickte tiefer und erkannte in der Mode das Prinzip des Seins: ›Alles ist Schein.‹ Und seither hat sich die Regel eingebürgert: Wer mehr sein will, muss mehr scheinen. Ja, ja … Vom Scheitel bis zur Sohle – es geht immer nur um Kohle!« Und mit diesem tiefen Wort entschwindet Protaximenes, der Tiefschürfende. Also gut, beginnen wir unten, bei der Sohle.

Der griechische Schriftsteller Plutarch schildert folgende Begebenheit: Ein Römer hatte sich von seiner Frau getrennt. Da diese nicht nur reich, sondern auch schön war, reagierte die Umgebung mit Erstaunen und Kopfschütteln. Der Römer antwortete seinen verwunderten Freunden, indem er seinen beschuhten Fuß vorstreckte und erklärte, dieses

---

* Unter- und Oberbekleidung

Schuhwerk sei ebenfalls schön und teuer, kein anderer aber als der Träger wisse, …

Frage 1: Ergänzen Sie bitte: Wie lautet die auf Plutarchs Anekdote zurückgehende Redewendung?

*

Der römische Historiker und Schriftsteller Plinius der Ältere schildert eine Szene am Hof des Makedonierkönigs Alexander des Großen. Der Maler Apelles wurde von einem Schuhmacher darauf hingewiesen, dass er den Schuh einer Figur nicht korrekt gemalt habe. Der Maler korrigierte daraufhin sein Bild. Als der Kritiker nicht zufrieden war und noch mehr an seinem Bild auszusetzen hatte, rief Apelles verärgert aus: *»Ne sutor supra crepidam!«* Was man wörtlich übersetzen könnte mit: *»Nicht, Schuhmacher, über die Sandale hinaus!«*

Frage 2: Welches Sprichwort ging aus diesem Ausspruch hervor?

*

Der Sohn eines deutschen Schuhmachers gilt als Pionier der klassischen Archäologie und der Kunstgeschichte.

Frage 3: Wer fand für die Kunst der griechischen Antike die klassischen Worte von der »edlen Einfalt und stillen Größe«?

Auch ein 1805 auf der Insel Fünen geborener Schriftsteller war Sohn eines Schusters. Kein Wunder, dass er sich auch mit modischen Fragen auseinander setzte.

Frage 4: Wer beschrieb die bezaubernde Wirkung von roten Schuhen und erzählte von einem Regenten, der sich mit dem angeblich neuesten Schrei der Haute Couture eine deutliche Blöße gab, aber tapfer durchhielt?

*

»Dodo«, die Geliebte des Künstlers, trägt rote Schuhe und einen riesigen schwarzen Hut, sonst nichts. Das Bild zählt zu den Hauptwerken des deutschen Expressionismus.

Frage 5: Der Maler ist Mitbegründer der Künstlervereinigung »Die Brücke«. Von wem stammt das Bild?

*

Er lieh sich ein paar alte Schuhe und die Hose eines sehr dicken Kollegen. Weiters borgte er sich eine zu kleine Jacke, einen Spazierstock und einen falschen Schnauzer aus.

Frage 6: Was fehlt noch zu seinem markanten Outfit?

*

Womit wir die Sache auf den Kopf gestellt, nein: gesetzt hätten. Man trägt wieder Hut – das ließ sich auch Napoleon Bonaparte von seinen Modeberatern oder Spin-Doktoren einreden. Napoleon entschied sich für einen fast schmucklosen Filzhut.

Frage 7: Wie viele Ecken hatte Napoleons Hut?

*

Pferderennen im feudalen Ascot: Pferd und Reiter spielen die Neben-, extravagante Hüte die Hauptrolle. Auch das Blumenmädchen Eliza trägt einen feinen Hut, feuert aber unfein ihren Favoriten an. Sie fordert lautstark den Einsatz unerlaubter Mittel.

Frage 8: Womit soll das Pferd »gedopt« werden?

*

Und was trägt der feine Herr in Ascot? Natürlich Zylinder. So wie jener Adelige, der mit Frack und Schal ins Nachtlokal eilt, um dort in Damengesellschaft seine vaterländischen Pflichten zu vergessen.

Frage 9: Das Nachtlokal ist das Maxim. Wie heißt der Adelige mit Nachnamen?

*

Ein anderer feiner Herr kümmert sich nicht um Mode. Jahraus, jahrein ist er gleich gekleidet.

Frage 10: Wer trägt stets Gamaschen, Fräckchen, Stöckchen und Zylinder?

*

Zur Pflege seiner Legende trat ein Künstler oft in einer Fliegerweste auf. Im Zweiten Weltkrieg war er Bordfunker auf Kampfflugzeugen. 1943 stürzte er über der Krim ab und wurde schwer verletzt. Nach eigenen Angaben wurde er von Einheimischen in Filz und Talg gehüllt und gesund gepflegt. Filz und Fett wurden zu seinen bevorzugten Arbeitsmaterialien.

Frage 11: Welcher Künstler trug als Markenzeichen einen Filzhut?

*

Und dieser Typ wird so beschrieben: *»Vor der Großmutter stand ein fremder Mann mit einem struppigen Bart und einer schrecklichen Hakennase im Gesicht. Auf dem Kopf trug er einen Schlapphut, an dem eine krumme Feder steckte.«*

Frage 12: Wie heißt dieser Finsterling? Er ist Räuber von Beruf.

Auflösung:

1) »… wo der Schuh drückt.«
2) »Schuster, bleib bei deinen Leisten.«
3) Johann Joachim Winckelmann
4) Hans Christian Andersen (»Die roten Schuhe«, »Des Kaisers neue Kleider«)
5) Ernst Ludwig Kirchner
6) eine Melone (Charlie Chaplin)
7) zwei (Der Zweispitz löste um 1780 den Dreispitz ab. Napoleon trug den Hut stets mit zur Seite weisenden Spitzen.)
8) Pfeffer (*»Streut ihm Pfeffer in den Arsch!«* in »My Fair Lady«)
9) Danilowitsch (Graf Danilo Danilowitsch, Gesandtschaftssekretär in Lehárs »Lustiger Witwe«)
»Da geh ich zu Maxim,
Dort bin ich sehr intim,
Ich duze alle Damen
Ruf sie beim Kosenamen,
Lolo, Dodo, Joujou
Clocio, Margot, Froufrou,
Sie lassen mich vergessen
Das teu're Vaterland!«
10) Dagobert Duck
11) Joseph Beuys
12) Hotzenplotz (von Ottfried Preußler)

Rätselhafte Gesänge und (außer-)irdische Jagdszenen

»La-fa-fa-mi. La-fa-fa-mi«. Vom Gang her nähern sich seltsame Geräusche. Soll das etwa Gesang sein? »La-fa« – die Tür geht auf – »fa-mi!« Es stand zu befürchten: Protaximenes betritt, atemholend, den Raum. Missbilligend fragende Blicke lassen den Gesangskünstler verstummen. Ob er für einen Auftritt bei Starmania nicht schon etwas zu antik sei? »Singe, wem Gesang gegeben«, erwidert Protaximenes, einen deutschen Dichter der Romantik zitierend. »Eben!«, ertönt es im Chor. Spöttisch wird angemerkt, dieser Dichter habe auch die Ballade »Des Sängers Fluch« geschrieben.

Frage 1: Wer dichtete »Des Sängers Fluch«?

*

»Darf ich Sie aufklären: Ich stimme mich nur auf das Thema der kommenden Fragen ein!« Fragende Blicke, einer tippt sich an die Stirne.

Frage 2: Knacken Sie den Code des Protaximenes!
Was bedeutet »la-fa-fa-mi«?

*

Vielleicht hilft Edgar Allen Poe weiter: »*Wenn man alles, was nicht in Frage kommt, hat ausschließen können, muss das, was übrig bleibt, die Wahrheit sein, so unwahrscheinlich sie auch aussehen mag.*« Das sagt Auguste Dupin, der sich strikt an die Gesetze der Logik hält, in der Erzählung »*Die Morde in der Rue Morgue*«.

Frage 3: Seine und unsere Spur führt zum Täter.
Wer mordete in der Rue Morgue?

*

Eine andere Spur. Ein Pfeifenraucher berichtet: »*Es verlockte mich nicht, die Menschen nachzuahmen; ich ahmte nach, weil ich nach einem Ausweg suchte, aus keinem anderen Grund … Und ich lernte, meine Herren. Ach, man lernt, wenn man muss; man lernt, wenn man einen Ausweg will; man lernt rücksichtslos. Man beaufsichtigt sich selbst mit der Peitsche; man zerfleischt sich beim geringsten Widerstand.*«

Frage 4: Wer berichtet?

*

Ein anderer Pfeifenraucher notierte: »*Gott hat den Menschen erschaffen, weil er vom Affen enttäuscht war. Danach hat er auf weitere Experimente verzichtet.*« Der Aphorismus stammt von einem genauen Beobachter und Kritiker des *American Way of Life*.

Frage 5: In seiner Jugend lebte der Autor am Mississippi, mit bürgerlichem Namen hieß er Samuel Longhorne Clemens. Unter welchem Pseudonym wurde er bekannt?

Noch einer, der sich ironische Gedanken über die Entwicklungsgeschichte machte: *»Die ersten Menschen waren nicht die letzten Affen.«* Unter dem Namen Berthold Bürger schrieb er Artikel für die Neue Leipziger Zeitung. Er trat gegen Faschismus und Militarismus auf. Seine Werke fielen der Bücherverbrennung der Nationalsozialisten zum Opfer. Er wird mit Schreibverbot belegt und wiederholt von der Gestapo verhaftet.

Frage 6: International bekannt wurde der Autor vor allem mit seinen humorvollen Kinderbüchern, darunter »Die Konferenz der Tiere« und ein Detektivroman. Wer ist es?

*

Als die Trennung zwischen Mensch und Affe noch nicht stattgefunden hat: Eine Gruppe von Vormenschen in der Savanne. Ihr Leben wird bestimmt vom Kampf ums Wasser, ums Überleben. Eines Morgens erwacht die Gruppe neben einem schwarzen Monolithen – und einem der Vormenschen geht beim Anblick eines ausgebleichten Knochens ein Licht auf. Der handliche Knochen kann als Werkzeug und als Waffe dienen!

Frage 7: Ein berühmter Science-Fiction-Film aus dem Jahr 1968. Wer drehte ihn?

*

Frage 8: Und von welchem ungarischen Komponisten stammt die Musik zu dieser Szene?

Ein Schimpanse namens Ham wurde am 31. Januar 1961 mit einer Rakete in den Weltraum geschossen. Zehn Wochen später kreiste der erste Mensch, der Russe Yuri Gagarin, um die Erde. Ham heißt – zufällig, oder nicht – auch die Hauptfigur in einem Theaterstück von Samuel Beckett.

Frage 9: Wie heißt das Stück?

*

Astronauten müssen auf einem Planeten notlanden. Die Affen jagen hier Menschen und benutzen sie als »Versuchsmenschen«.

Frage 10: Auf welchem Planeten ereignen sich diese inhumanen Jagdszenen?

*

»Gejagt wird übrigens auch ganz oben – in der Welt der Götter!« Protaximenes ist wieder erschienen. »Wenn ich kurz referieren darf?« Ohne die negative Antwort abzuwarten, legt er los: »Artemis war bei uns Griechen die Göttin der Jagd, des Wachstums und der Geburt. In vielem entspricht sie der ägyptischen Isis. Die Amazonen verehrten sie als Mondgöttin und die Römer setzten sie mit Ceres gleich. Als leidenschaftliche Jägerin – deshalb wird sie auch mit Schwert dargestellt – lenkte sie den Mond über den Himmel, ging aber bei Neumond immer zur Jagd. Der Tempel der Artemis in Athen zählt zu den Sieben Weltwundern. Im Jahre 356 v. Chr. fiel der prachtvolle Bau einer Brandstiftung zum Opfer. Das Motiv war Geltungssucht. Der Täter wollte durch die Zerstörung des Weltwunders berühmt und somit unsterblich werden – was ihm auch gelungen ist. Der Brandstifter war Herostratos. Wie es heißt, soll in der Nacht des Brandes Alexander der Große geboren worden sein. Später leistete Alexander umfangreiche finanzielle Hilfe beim Wiederaufbau des Artemis-Tempels.« Und schon ist der ungebetene Referent so schnell verschwunden, wie er gekommen war. Besser so, denn dem Besserwisser sind drei Fehler unterlaufen.

Frage 11: Wo stecken die drei Fehler?

Auflösung:

1) Ludwig Uhland
2) »La-fa-fa-mi« entspricht den Noten a-f-f-e. Das Thema lautet also »Affe«.
3) ein Affe, er lernte u. a. Pfeife zu rauchen
4) ein Affe (Franz Kafka: »Ein Bericht für eine Akademie«)
5) Mark Twain
6) Erich Kästner
7) Stanley Kubrick (»2001 – Odyssee im Weltraum«)
8) György Ligeti
9) »Endspiel«
10) auf der Erde (im Film »Planet der Affen« mit Charlton Heston in der Hauptrolle)
11) Diana statt Ceres / Pfeil und Bogen statt Schwert / Ephesus statt Athen

Mit Birne, Zylinder und Melone

Mandeln als Augen, eine Birne als Nase, eine Erbsenschote als Mund und Kirschen als Lippen.

Frage 1: Wer ist der Maler?

*

Ein Geiger mit Mantel und Zylinder auf einem Dach.

Frage 2: Wer ist der Maler?

*

Ein Mann im Anzug mit Melone.

Frage 3: Was flattert vor seinem Gesicht?

Mit weißen Spitzenhäubchen

Die Kammerzofe Susanna (Sopran) steht kurz vor der Verehelichung. Sie hat weniger unter der Bekämpfung des Staubes als unter den Nachstellungen des Grafen (Bariton) zu leiden. Ihr Bräutigam (Bariton) ist dessen Kammerdiener.

Frage 4: Wie heißt der Graf?

*

Ein Stubenmädchen wirft sich in die Robe der Gnädigen. Sie gibt sich bei einem rauschenden Fest als Schauspielerin aus und weist die Zumutung, ein Stubenmädchen zu sein, empört von sich.

Frage 5: Wie heißt der Gastgeber
des Festes?

*

Dieser französische Autor kam von ganz unten. Er war ein Pflegekind, ein Ausbrecher, ein Anarchist, Homosexueller und Dieb. In einem seiner Stücke proben zwei Zofen den

Aufstand. Doch vor der Herrschaft, vor der Gnädigen, versagen sie völlig.

Frage 6: Wer verfasste »Die Zofen«?

Von Vätern, Monstern und Präsidenten-Nasen

Das »Mariandl« hieß mit Nachnamen Mühlhuber.

Frage 7: Wie würde sie heißen, wenn sie den Namen ihres Vaters tragen würde?

*

In einem Fritz Lang-Film musste ein zwanzig Meter langes Ungetüm von 17 Mann bedient werden.

Frage 8: Welchen Stoff verfilmte Fritz Lang 1924?

*

Der Film sollte ursprünglich »Der Mann auf Lincolns Nase« heißen. Cary Grant tanzt jedoch George Washington auf der Nase herum. Er klettert auf jenes Monument, das vier Präsidenten der Vereinigten Staaten in Granit gehauen zeigt.

Frage 9: Wie heißt der Film?

Auflösung:

1) Giuseppe Arcimboldo (»Der Sommer«)
2) Marc Chagall (»Fiddler on the Roof«)
3) eine weiße Taube (René Magritte: »Der Mann mit der Melone«)
4) Almaviva (Mozart-Oper »Die Hochzeit des Figaro«)
5) Prinz Orlofsky. Das Stubenmädchen Adele in der »Fledermaus« von Johann Strauß.
6) Jean Genet
7) Geiger. Film: »Der Hofrat Geiger«, Österreich 1947, mit Paul Hörbiger, Maria Andergast und Hans Moser.
8) die Nibelungen-Sage. 1. Teil: Siegfried, 2. Teil: Kriemhild. Das Ungetüm war der Drache.
9) »Der unsichtbare Dritte« (von Alfred Hitchcock). Das Präsidenten-Denkmal befindet sich am Mount Rushmore National Memorial in South Dakota.

Gefälschte Worte und andere Raubersg'schichten

»Ich hasse Preisangabe«, soll der US-amerikanische Philosoph Ralph Waldo Emerson (1803–1882) gesagt haben. Typisch für einen Transzendentalisten: Die Welt hat eben einen Wert, aber keinen Preis. Oder haben wir da etwas falsch verstanden? War Emerson Konsumentenschützer und die Preisangabe im Drugstore falsch? Vielleicht hat die Übersetzungsmaschine im Internet doch nicht korrekt übersetzt. *»I hate quotations«*, heißt es im Original. »Ich kann mich da nur anschließen.« Es war zu erwarten: Protaximenes mischt sich wieder einmal ein. »Auch ich hasse Zitate. Das Infame: Emerson fand mit diesem Satz prompt Eingang in unzählige Zitate-Sammlungen! Dieses eitle Zitieren ist doch bloß der Versuch, Bildung vorzutäuschen. Emerson hat das so gemeint: Zitiere nicht, sondern sage mir, was du weißt. Darauf hätte übrigens einer meiner Kollegen geantwortet: *›Ich weiß, dass ich nichts weiß.‹* Sie wissen, wen ich meine!?«

Frage 1: Wer wusste, dass er nichts weiß?

*

Danke für die Deutung, Protaximenes. Wir werden wohl auch die anderen Computerübersetzungen überprüfen müssen. Relativ einfach ist die Sache bei diesem klassischen Zitat: »*Das ist gefüllte Leute Männer dort um mich.*«

Frage 2: Aus welchem Stück stammt dieser Ausspruch?

*

Frage 3: Wo (in geografischem Sinn) fiel dieser seltsame Satz: »*Die Hexaeder sind Gefälligkeit.*«

*

Frage 4: Ein biblisches Zitat: »*Der Mann wohnt nicht exklusiv aus Bäckerei.*«

*

Weil gerade von Bäckerei die Rede ist: Es gibt berühmte Worte, die nie so gesagt wurden. Einer dieser überlieferten Aussprüche dürfte pure Rufschädigung gewesen sein. Die betreffende Person konnte diesen Satz gar nicht von sich gegeben haben. Denn als das französische Zitat publiziert wurde, war sie noch nicht Königin und erst sechs Jahre alt.

Frage 5: Wem wurden welche Worte fälschlich in den Mund gelegt?

*

Noch einmal oft zitierte Worte, die so nie fielen. Diesmal aus einem Film. Die Szene spielt in einer Bar, ihr Eigentümer heißt Rick Blaine. Der Pianist wird von einer Dame aufgefordert, ein bestimmtes Lied zum Besten zu geben, nämlich »*As Time Goes by*«.

Frage 6: Wie heißt der Pianist?

*

Der Film wurde mit sehr kleinem Budget im Studio gedreht. Noch kleiner waren die Finanzen für eines unserer nie verwirklichten C-Movie-Projekte. Um Zeit und Geld zu sparen, wurde der Stoff aus vier Filmen zusammengestohlen – ehrlicherweise aus Räuber- und Banditenfilmen. Auf die zeitlich korrekte Abfolge konnte das Drehbuch nicht Rücksicht nehmen:

»Wir schreiben die frühen Dreißigerjahre: Es geht heiß her im Südwesten der USA. Faye Dunaway und Warren Beatty schießen sich durch Missouri, Texas, Oklahoma und noch ein paar Bundesstaaten. Sie spielen ein berühmtes Gangsterpärchen, das Banken, Tankstellen und Geschäfte in großer Zahl überfällt. Ein Mitglied ihrer kleinen Bande überlebt den Showdown mit der Polizei und setzt sich nach Deutschland ab. Konkret: in den Hunsrück. Dort treibt Curd Jürgens als sangesfreudiger Räuberhauptmann sein Unwesen. Unser Protagonist schließt sich der Hunsrück-Bande an und kämpft eine Zeit lang gegen die napoleonischen Truppen, die Teile Deutschlands besetzt halten. Nach der Hinrichtung des Bandenchefs erreicht der Held mit letzter Kraft eine Postkutsche und zuckelt in einer langen, mühseligen Reise in den Süden. In Italiens Wäldern trifft er Stan Laurel und

Oliver Hardy, die in einer Opernverfilmung »Kniechen, Näschen, Öhrchen« spielen und einem berühmten Räuber begegnen. Stan und Olli gehen unserem Helden so sehr auf die Nerven, dass er abermals die Flucht ergreift. Sein Ziel diesmal: Istanbul. Dort steigt er zusammen mit Meisterdieb Maximilian Schell und anderen Einbruchsvirtuosen in ein berühmtes Museum ein, um einen smaragdbesetzten Diamanten zu stehlen.«

Frage 7: Eine echte Raubersg'schicht mit viermaligem Déjà-vu-Erlebnis. Welche vier Filme wurden hier thematisch beraubt?

*

Wir bleiben beim Thema und bitten fünf Damen auf die Bühne. Nacheinander interpretieren sie alle das gleiche Lied. Die erste war eine nackte Sünderin, die einem geschenkten Gaul nicht ins Maul schauen wollte. Die zweite trägt vornehmlich existenzialistisches Schwarz und den Namen eines kretischen Malers. Die dritte war Wienerin, mit einem deutschen Komponisten verheiratet, musste in die USA emigrieren und sandte später Liebesgrüße aus Moskau. Die vierte wird La Rossa genannt und hat Lieder des Mannes der dritten interpretiert. Die fünfte hielt einige Zeit einem rollenden Stein die Treue. Jetzt kennen Sie auch das Lied.

Frage 8: Wer sind die fünf Sängerinnen und wessen Lied singen sie? Hinweis: Das Lied stammt aus einer »billigen« Oper, die der Mann der dritten komponiert hat.

Das Bild ist unter einem irreführenden Titel bekannt. Denn das Ereignis, auf das sich dieser Titel bezieht – Massen-Kidnapping – lag schon einige Jahre zurück. Im Zentrum des klassizistischen Schlachtgemäldes von Jacques-Louis David steht eine Frau im weißen Kleid. Sie hat sich mit anderen Frauen zwischen die Kämpfenden gestürzt. Mit ausgestreckten Armen versucht sie, die beiden Anführer vom Kampf abzuhalten. Sie heißt Hersilia, einer der beiden ist ihr Mann. In einer Beschreibung seines Gemäldes hat David, inspiriert durch Plutarch, Hersilia folgende Worte in den Mund gelegt: *»Jetzt, wo wir durch die allerheiligsten Ketten an die Römer gebunden sind, kommt ihr, um Frauen ihren Ehemännern zu nehmen, und Mütter ihren Kindern. Die Hilfe, die ihr uns jetzt geben wollt, ist uns tausendmal schmerzhafter als die Verlassenheit, in der ihr uns gelassen habt, als wir …«* Gerührt von diesen Worten senken der Überlieferung nach die Kämpfer ihre Waffen – der Krieg ist abgewendet.

Frage 9: Unter welchem Titel ist das Bild
von Jacques-Louis David bekannt?

*

Frage 10: Wer ist der Mann von Hersilia?

*

Ein anderer Fall von angeblichem Menschenraub ging nicht so glimpflich aus: Ihm wirft man vor, sie entführt, ja sogar geraubt zu haben. Andererseits wird berichtet, dass sie, obwohl verheiratet, dem schönen, ebenfalls verheirateten (!) Jüngling freiwillig auf sein Schiff gefolgt sei. Aus

Liebe versteht sich. Der betrogene Gatte spricht von Raub, will seine bezaubernde junge Frau zurückerobern und zieht mit seinen Verbündeten in den Krieg. Der Rest ist Geschichte.

Frage 11: Wer ist der Mann der »Geraubten«
und wo herrschte er?

*

Frage 12: Der Bruder des »Gehörnten«
führte den Rachefeldzug an.
Wie heißt der Feldherr?

*

Auch »sie« wurde geraubt: Ihr Schöpfer war selbst ein Dieb und galt als Wüstling. Mehrmals saß er wegen Totschlags und anderer Gewalttätigkeiten im Gefängnis, mehrmals gelang ihm der Ausbruch. Seine Landsleute nannten ihn liebevoll verniedlichend »*carattere tumultuoso*«. Einen seiner päpstlichen Förderer soll er bestohlen haben. »Sie« gilt als die einzige erhaltene, sicher von ihm stammende Goldschmiedearbeit. Im Stil der Spätrenaissance geschaffen, stellt sie allegorisch den Planeten Erde dar. Der Künstler selbst hat die Skulptur so beschrieben: »*Das Meer, als Mann gebildet, hielt ein reich gearbeitetes Schiff. … Die Erde hatte ich weiblich gebildet, von so schöner Gestalt und so anmutig, als ich nur wusste und konnte. Ich hatte neben sie einen reich verzierten Tempel auf den Boden gestellt.*« Neptun, der Gott des Meeres, und Ceres, die Göttin der Erde, vollziehen symbolisch ihre Vereinigung, indem sie das hervorbringen, für dessen Aufbewahrung der Haushaltsgegenstand geschaffen wurde.

Frage 13: Wie wird das Kunstwerk genannt, wozu dient es und wer hat es angefertigt?

*

Geraubte Schätze werden an – vermeintlich – geheimen und sicheren Orten gelagert. Zum Schutz werden diverse Vorkehrungen getroffen: Fallen, Geheimtüren, Passworte, biometrische Daten etc. Aber nichts ist hundertprozentig sicher. So gelang es einmal einem Holzfäller, eine Gang auszuspionieren und Zugang zu ihren Schätzen zu erhalten. Durch Zufall war er in den Besitz des Zutrittscodes gelangt.

Frage 14: Wer konnte durch Nennung welcher Pflanze eine Bande berauben?

*

Der tiefe Wald ist Zufluchtsort und zugleich Arbeitsstätte für berüchtigte, aber auch bewunderte Räuberbanden.

Frage 15: In welchem Wald versteckten sich Robin Hood und seine Mannen vor den Häschern des Sheriffs von Nottingham?

*

Eine andere sagenhafte Räuberbande fand Unterschlupf in einem entlegenen Waldwirtshaus. Die Geschichte von

Wilhelm Hauff wurde mit der jungen Liselotte Pulver verfilmt.

Frage 16: In welchem deutschen Mittelgebirge steht dieses Wirtshaus?

*

Dieser Räuberhauptmann hat wirklich gelebt – er gilt als der Robin Hood des Wald- und des Weinviertels. Zu Unrecht, denn er hat vor allem die Armen beraubt. Sein Unwesen trieb er zur Zeit der napoleonischen Kriege zwischen Zwettl und Horn.

Frage 17: Johann Georg hieß er mit Vornamen. Wie hieß er noch?

*

Um 1900 stieg ein mexikanischer Bandit zu einem der führenden Revolutionäre seiner Heimat auf. Zusammen mit Emiliano Zapata wird er in Mexiko noch heute als Volksheld verehrt. 1913 kam er auf die Idee, seine »División del Norte« im Krieg gegen die Diktatur von Victoriano Huerta durch US-Filmemacher finanzieren zu lassen. Er bot Zugang zu echten Kriegsszenen an und ließ sich dafür in Gold bezahlen. 1923 wurde er bei einem Attentat ermordet.

Frage 18: Später haben Yul Brynner und Telly Savalas den Banditen und Revolutionär im Film verkörpert. Wer war dieser legendäre Räuber und Revolutionär?

Genug der Raubersg'schichten. »Gestatten Sie, dass ich mich da einmische! Das kann doch nicht alles gewesen sein!?« Protaximenes raubt uns den letzten Nerv und das letzte Wort. »Er darf natürlich nicht fehlen: der steckbrieflich gesuchte Bandit, der in einer ausweglosen Situation beschließt, einem armen, kinderreichen Tagelöhner das ausgesetzte Kopfgeld zukommen zu lassen. Mit seinen berühmten Worten schließt das stürmische Drama. Was hat er noch schnell gesagt?«

Frage 19: Sagen Sie es und Sie haben Protaximenes geholfen: Wer sagt was?

Auflösung:

1) Sokrates
2) »Julius Cäsar« von Shakespeare
3) am Rubikon (Cäsar: *»Der Würfel ist gefallen.«*)
4) *»Der Mensch lebt nicht vom Brot allein.«*
5) Marie Antoinette, Erzherzogin von Österreich und Königin von Frankreich: *»Wenn sie kein Brot haben, sollen sie doch Kuchen essen.«* Dieser Ausspruch wurde von Jean-Jacques Rousseau publiziert.
6) Sam (*»Spiel's noch einmal, Sam«* in dem Film »Casablanca«)
7) »Bonny und Clyde« / »Der Schinderhannes« / »Fra Diavolo« / »Topkapi«
8) Die Interpretinnen: Hildegard Knef / Juliette Greco / Lotte Lenya / Milva / Marianne Faithfull
   Das Lied wird von der »Seeräuber-Jenny« gesungen. Es stammt aus der »Dreigroschenoper« von Bertolt Brecht. Hildegard Knef spielte im Willi-Forst-Film »Die Sünderin« eine Nacktszene und schrieb ihre Bestseller-Biografie »Der geschenkte Gaul«. Lotte Lenya spielte im James Bond-Film »Liebesgrüße aus Moskau« eine KGB-Agentin. Marianne Faithfull war Freundin von »Rolling Stone« Mick Jagger.
9) »Raub der Sabinerinnen« (1799, Louvre), Originaltitel: »Le combat des Romains et des Sabines interrompu par les femmes sabines« (»Der Kampf der Römer gegen die Sabiner, unterbrochen durch die Sabinerinnen«). Die letzten Worte des Zitats: *»… als wir geraubt wurden.«*
10) Romulus

11) Menelaos war Herrscher von Sparta. Das Liebespaar sind Paris und Helena. Paris war mit Oinone, der Tochter eines Flussgottes und einer Nymphe, verheiratet.
12) Agamemnon
13) Die »Saliera« ist ein Salzfass, angefertigt von Benvenuto Cellini (1500–1571). Sie wurde 2003 aus dem Kunsthistorischen Museum Wien gestohlen und 2006 wieder gefunden und zurückgebracht.
14) Ali Baba mit den Worten: *»Sesam, öffne dich!«*
15) Sherwood Forest
16) Spessart
17) Grasel
18) (Francisco) Pancho Villa, ursprünglich Doroteo Arango
19) Karl Moor in Schillers Sturm und Drang-Drama »Die Räuber« sagt: *»Dem Mann(e) kann geholfen werden.«*

Zur Hölle mit diesen Fragen

Zwei Männer, der Ich-Erzähler und sein Vorbild, stehen vor einem Tor. Darüber steht in dunklen Lettern ein dunkler Vers. Seine letzten Worte lauten: *»Lasst Ihr, die Ihr eintretet, alle Hoffnung fahren«*. Das Tor führt zur Hölle. Sie treten ein.

Frage 1: In welchem Werk hat der Dichter
die Hölle beschrieben?

*

Die Tür geht auf – nein, es ist nicht Protaximenes, der erscheint. Eine attraktive junge Frau tritt ein. Sie macht einen etwas verärgerten oder verwirrten Eindruck, sprudelt aber trotzdem ohne Scheu gleich los – Vorwarnung: Glauben Sie ihr nicht alles: »Buon giorno! Ich bin Bianca Portinari und der Nachwelt eigentlich nur wegen Dante Alighieri bekannt. Wissen Sie, dieser Schöngeist hat zwar immer behauptet, mich sehr zu verehren – und was hat er gemacht? Fünf Jahre nach meinem Tod hat er eine andere geheiratet! Na ja, die Männer … Es war wirklich eine Komödie, eine tragische: Ich, die ihm angeblich so wichtig war, konnte ihn gerade mal durch den Himmel führen, während sein literarisches Vorbild Horaz die viel reizvolleren Gebiete Hölle und Fegefeuer mit ihm durchstreifen durfte. Vor allem im Vorhof geisterten die interessantesten Leute herum. Nur zu gerne hätte ich Prominente wie Plato, den Mathematiker Euklid, den arabischen Philosophen und Arzt Averroes und den Astronomen Kopernikus kennen gelernt. Geschieht Dante schon recht, dass Schiller und Goethe sich abfällig über ihn geäußert haben. Andererseits hat er Samuel Beckett so beeindruckt, dass er die Erzählung »Dante und der Hummer« schrieb. … Ah, da fällt mir ein, ich bin zu einem Galadiner eingeladen, und da gibt es sicher frutti di mare, vielleicht sogar Teufelsfisch. Ciao, meine Lieben!« Wenn die Hübsche so schnell isst, wie sie spricht, wird ihr der Fisch im Magen liegen bleiben. Und es sind ihr, sei's aus Verärgerung, sei's aus Vergesslichkeit – es ist ja auch schon wieder ein paar Jahrhunderte her – drei Fehler unterlaufen, oder hat sie gar gelogen?

Frage 2: Schnell, bevor der lästige Altphilosoph auftaucht: Was war falsch im Redeschwall?

*

»Die klimatischen Bedingungen in der Hölle sind sicher unerfreulich, aber die Gesellschaft dort wäre von Interesse«, meinte ein englischsprachiger Schriftsteller. Über sich selbst schrieb er in einem Brief aus dem Zuchthaus: *»Die Götter hatten mir fast alles verliehen. Ich besaß Genie, einen erlauchten Namen, eine hohe soziale Stellung, Ruhm, Glanz, intellektuellen Wagemut; ich habe die Menschen anders denken gelehrt*

und den Dingen andere Farben gegeben; alles, was ich sagte oder tat, setzte die Leute in Erstaunen. Alle philosophischen Systeme fasste ich in einen Satz, das ganze Dasein in ein Epigramm zusammen. Daneben tat ich noch anderes. So ließ ich mich in lange Perioden eines sinnlosen, sinnlichen Wohlbehagens locken. Ich belustigte mich damit, ein Flaneur, ein Dandy, ein Modeheld zu sein.« In einem Interview über sein letztes Stück sagte er: *»Ich wünschte, wir könnten über die vielen Gefängnisse des Lebens reden – Gefängnisse aus Stein, Gefängnisse der Leidenschaft, Gefängnisse des Geistes, Gefängnisse der Moral.«* In dieser *»trivialen Komödie für ernsthafte Leute«* entlarvt er die Konventionen, das Oberflächliche, das Unehrliche: Nicht Seriosität führt – bei zwei Damen – zum Ziel, sondern ein bestimmter Vorname.

Frage 3: Wie sollte man heißen, um bei Gwendolen und Cecily eine Chance zu haben?

*

Um verzwickte, ja sogar aussichtslose Beziehungen geht es in diesem Stück: Zwei Frauen und ein Mann finden sich nach ihrem Tod in einem geschlossenen Raum, der Hölle, wieder. Die lesbische Ines wirbt vergeblich um Estelle, die sich ihrerseits an Garcin heranmacht. Garcin wiederum buhlt bei Ines um intellektuelle Anerkennung. Sie entdecken bald: Sie sind Folterknecht und Opfer zugleich: *»Die Hölle, das sind die anderen.«* Als plötzlich die Tür in die Freiheit aufgeht, weichen sie entsetzt zurück und drängen sich mutlos aneinander. Ihre Existenz scheint aussichtslos, eine Alternative gibt es nicht. Sie sind für immer aneinander gekettet. Nicht einmal töten können sie sich, sind ja schon tot. *»Also – weitermachen«*, sagt Garcin zum Schluss.

Frage 4: Die Aussagen des Stückes decken sich mit den philosophischen Thesen des Autors. Wer postulierte, der Mensch sei in die Existenz geworfen und zur Freiheit verdammt?

*

Ein anderer Eingeschlossener möchte gerne hinaus und erntet Spott: *»Das Pentagramma macht dir Pein? Ei sage mir, du Sohn der Hölle, wenn das dich bannt, wie kamst du denn herein?«* Der Teufel kann nicht aus dem Haus, denn *»'s ist ein Gesetz der Teufel und Gespenster: Wo sie hereingeschlüpft, da müssen sie hinaus. Das Erste steht uns frei, beim Zweiten sind wir Knechte.«*

Frage 5: Wie kam der Teufel ins Haus?

*

Ein Dozent für Philologie und ein Mathematiker sind unter dem stalinistischen Regime wegen angeblicher politischer Vergehen zu zehn Jahren Haft verurteilt worden. In einem Spezialgefängnis in der Nähe von Moskau müssen sie an einem neuen technischen Verfahren zur Stimmenerkennung bei Telefongesprächen arbeiten. Laut Romantitel sitzen sie deshalb *»im ersten Kreis der Hölle«*. Noch Ärgeres, nämlich die Hölle eines sibirischen Straflagers, muss Iwan Denissowitsch – eine andere Romanfigur des Autors – durchmachen.

Frage 6: Welcher Zeitraum im Leben des Iwan Denissowitsch wird in diesem autobiografischen Roman beschrieben?

*

Wie sieht es in der Hölle aus? Die Vorstellungen von der Hölle sind höchst unterschiedlich. Wir wollen aber genau wissen, wie es in der Hölle zugeht. Ziehen wir einen zu Rate, der schon dort war – schlagen wir noch einmal bei Dante nach:

»Dies Jammervolk, das niemals lebend war,
War nackend und von Flieg und Wesp umflogen,
Und ward gestachelt viel und immerdar.

Tränen und Blut aus ihren Wunden zogen
In Streifen durch das Antlitz bis zum Grund,
Wo ekle Würmer draus sich Nahrung sogen.«

Diese Schilderung dürfte sich so mancher Maler als Vorbild genommen haben. Vielleicht auch der Schöpfer dieses Werkes: In geschlossenem Zustand zeigt das Triptychon die noch unbewohnte Erde. Beim Öffnen der beiden Flügel entfaltet sich die Farbenpracht. Im Mittelteil herrscht ein reges, lustvolles Getümmel von nackten Menschen und Tieren. Auf dem linken Innenflügel sind Adam und Eva in Eintracht mit Gott im Paradies zu sehen, während der rechte Flügel als nächtliches Gegenstück die Hölle zeigt. Gar Schauriges spielt sich hier ab. Ein Mann scheint aus einem Baum zu wachsen, der in Booten wurzelt. Ein Körper hängt in einem riesigen Schlüssel. Hundeähnliche Fabelwesen fressen einen

Mann in Rüstung. Zwei überdimensionale Ohren, von einem Speer durchbohrt, wälzen sich über liegende Leiber.

Frage 7: Wie nannte der Künstler das Triptychon?

*

»Ich rieche, rieche Menschenfleisch«, brüllt der Teufel in einem bekannten Märchen der Gebrüder Grimm. Ein junger Mann hat sich in die Hölle verirrt und soll dem Teufel dort etwas stiebitzen, damit er die schöne Tochter des Königs als Ehefrau behalten darf.

Frage 8: Was entreißt er dem Teufel? Das Diebsgut kommt auch im Titel des Märchens vor.

*

Pater Medardus erhält von Bruder Cyrillus ein Kistchen aus dem Nachlass des Heiligen Antonius. In diesem Kistchen befindet sich eine Flasche. Cyrillus gesteht, *»dass, sooft ich die Flasche, ja nur dieses Kistchen, worin sie verschlossen, berühre, mich ein unerklärliches inneres Grauen anwandelt, ja dass ich wähne, etwas von einem ganz seltsamen Duft zu spüren, der mich betäubt und zugleich eine innere Unruhe des Geistes hervorbringt.«* Medardus solle das Kistchen niemals oder wenigstens erst nach Jahren öffnen. Es kam, wie es kommen musste: Kistchen und Fläschchen werden geöffnet. *»Bald hatte ich einen kräftigen Zug getan! Glut strömte durch meine Adern und erfüllte mich mit dem Gefühl unbeschreiblichen Wohlseins.«* Vorerst, denn es geschieht Schauerliches, Entsetzliches, Tolles. *»Ich bin das, was ich scheine, und scheine das nicht, was ich bin«*, klagt der Protagonist. *»Mir selbst ein unerklärlich Rätsel, bin ich entzweit mit meinem Ich.«*

Frage 9: Was befand sich laut Titel des 1814/16 entstandenen Schauerromans in dem Fläschchen des Heiligen Antonius?

*

Der Teufel zeigt nicht immer sein wahres Gesicht: Sie sieht aus wie ein Engel, sie geht wie ein Engel, sie spricht wie ein Engel – er aber hat sie durchschaut und singt: *»Du bist der Teufel in Verkleidung, oh ja, du bist der Teufel in Verkleidung!«* Das Hüftenwackeln beherrscht er allerdings besser als sie. Deshalb wurde er auch »das Becken« genannt.

Frage 10: Wer singt hier seinen Frust hinaus?

*

»Sie war beides, beides und noch viel mehr, sie war Engelsbild und Satan, Mann und Weib in einem, Mensch und Tier, höchstes Gut und äußerstes Böses.« So sieht Emil Sinclair, ein Jugendlicher aus gutbürgerlichem Haus seine heimlich Angebetete, mit der er nicht ein einziges Wort gewechselt hat. In seiner Traumwelt nennt er sie Beatrice – *»von ihr wusste ich, ohne Dante gelesen zu haben, aus einem englischen Gemälde«*. Er zeichnet Beatrice, und als er das Bildnis betrachtet, entdeckt er darin Züge seines Freundes Demian. Nun malt er einen *»Raubvogel, mit einem scharfen kühnen Sperberkopf. Er stak mit halbem Leibe in einer dunklen Weltkugel, aus der er sich wie aus einem riesigen Ei heraufarbeitete.«* Sinclair schickt das Bild an

Demian. Der lässt ihm einen Zettel mit dieser Interpretation zukommen: »*Der Vogel kämpft sich aus dem Ei. Das Ei ist die Welt. Wer geboren werden will, muss eine Welt zerstören. Der Vogel fliegt zu Gott. Der Gott heißt …*«

»Er trägt natürlich einen griechischen Namen – auch wenn er vielleicht auf die Assyrer, Ägypter oder Perser zurückgeht!« Zum Teufel noch einmal, Protaximenes kann es nicht lassen. »Nach griechischer Zahlenmystik ergibt der Wert seiner Buchstaben 365. Noch heute wird dieser Gott mit Satanismus in Verbindung gebracht. … Sie kennen ihn nicht? Der Psychologe C. G. Jung hat von ihm tiefschürfend gemeint: ›*Er ist unwirklich wirkend, weil er keine bestimmte Wirkung hat.*‹ Aber lassen Sie sich von Jung nicht verwirren. Die Sache ist doch kinderleicht: Die kleine Hexe besitzt einen weisen Raben gleichen Namens, und denken Sie an diesen Zauberspruch …« Protaximenes murmelt ein paar unverständliche Silben, macht summend ein paar Cha-Cha-Cha-Schritte und entschwindet.

Frage 11: Da hat Protaximenes noch eine weitere Spur gelegt. Die Melodie, die er summte, stammt aus dem wohl berühmtesten Album von Santana. Das Album ist nach dem gesuchten Gott benannt und heißt …?

*

Emil Sinclair erfährt von seinem Lehrer, dass diese Gottheit »*die symbolische Aufgabe hatte, das Göttliche und das Teuflische zu vereinen*«. Die Erzählung schrieb der Sohn eines ehemaligen Missionars. Zumindest eines seiner Werke wurde zum Kult-Roman der Flower-Power-Generation. 1946 erhielt er den Literatur-Nobelpreis. Er starb 1962 in Montagnola in der Schweiz.

Frage 12: Wer schrieb die von C. G. Jung beeinflusste Erzählung über das Erwachsenwerden Emil Sinclairs?

*

Als moderner aufgeschlossener Geist weiß der Teufel um die Wirkung von Öffentlichkeitsarbeit.
Fünf Herren erschien der Teufel höchstpersönlich. Er stellte sich als *»Mann von Vermögen und Geschmack«* vor und warb um *»Sympathie«*. Nicht von ungefähr, galten doch die Angesprochenen wegen ihres exzessiven Lebenswandels als die »bad boys« der Rockszene. Möglicherweise haben sie einen Pakt mit dem Teufel geschlossen, denn sie rockten so lange, bis sie zur dienstältesten Rockband der Welt ernannt wurden.

Frage 13: Bei wem versuchte sich Luzifer einzuschmeicheln?

Auflösung:

1) »Die Göttliche Komödie« (Dante Alighieri)
2) Dantes Angebetete hieß nicht Bianca, sondern Beatrice.
   Nicht Horaz, sondern Vergil (Virgil) hat Dante durch die Hölle geführt.
   Kopernikus wurde 1473 geboren, konnte also gar nicht in Dantes »Göttlicher Komödie« auftauchen. (Dante lebte von 1265 bis 1321.)
3) Ernst (Ernest) in: »Bunbury« oder »The Importance of Being Earnest« von Oscar Wilde.
   In der deutschen Fassung von Elfriede Jelinek (»Ernst ist das Leben«) heißt es:
   »JACK: Jetzt aber ernsthaft: Willst du damit sagen, dass du mich nicht lieben könntest, wenn ich nicht mein, ich meine dein Ernst wäre?
   GWENDOLEN: Also, heißt du nun Ernst oder nicht?«
   Wildes Brief aus dem Gefängnis in Reading an seinen langjährigen Geliebten Lord Alfred Douglas wurde posthum unter dem Titel »De profundis« veröffentlicht.
4) Jean-Paul Sartre, Titel des Dramas: »Geschlossene Gesellschaft«
5) Mephistopheles kam als Pudel ins Studierzimmer von Faust: *»Das also war des Pudels Kern!«*
6) ein Tag (Roman von Alexander Solschenizyn: »Ein Tag im Leben des Iwan Denissowitsch«)
7) »Garten der Lüste« von Hieronymus Bosch (um 1500, Prado)
8) drei goldene Haare (Titel des Märchens. »Der Teufel mit den drei goldenen Haaren«.)
9) »Die Elixiere des Teufels« (von E. T. A. Hoffmann)

10) Elvis Presley (»Elvis the Pelvis«): »Devil in Disguise«
11) Abraxas (Kinderbuch »Die kleine Hexe« von Ottfried Preußler), Zauberspruch: »Abrakadabra«
12) Hermann Hesse in »Demian«, Kult-Romane: »Steppenwolf«, »Siddharta«
13) The Rolling Stones: »Sympathy for the Devil«
»Let me please introduce myself / I'm a man of wealth and taste... / Pleased to meet you / Hope you guess my name.«

Kollegen oder nicht Kollegen – das sind hier die Fragen!

Um den Erzählfluss nicht zu unterbrechen, sind hier die Fragen in den Text eingebaut.

»Ich bin mir nicht sicher: Zählt er zu meinen Kollegen, ist er ein Außenseiter, oder bringt er den ganzen Philosophenstand in Verruf? Allein schon sein Outfit war ja höchst fragwürdig.« Da schau her, ganz was Neues: Protaximenes ist sich nicht sicher! »Ich meine diesen Typ, von dem es in einem Volksbuch des frühen 16. Jahrhunderts heißt: ›*Bei dem Wald Melme genannt, in dem Land zu Sachsen, in dem Dorf Knetlingen, da ward er geboren. Sein Vater hieß Claus, seine Mutter Ann.*‹ Der flämische Dichter Charles de Coster hat dem Manne später ein literarisches Denkmal gesetzt. Bei de Coster wird er zum Widerstandskämpfer gegen die spanische Besatzung. Ob das den Tatsachen entspricht, will ich dahingestellt lassen. Sein Name aus dem Mittelniederdeutschen ins heutige Deutsch übersetzt hieße übrigens ›Wisch mir den Hintern‹. Hat was Programmatisches, dieser Name. Denn der Gute hat die Leute dazu gebracht, von dem Kakao, durch den er sie zog, auch noch zu trinken! Stammt dieser Spruch nicht von einem deutschen Satiriker? **1)** Was hier mit Kakao gemeint ist, können Sie sich selbst ausmalen, oder besser nicht. Dieser ›Wisch mir den Hintern‹ also war ein

Experte auf dem Gebiet der Werbung und Selbstinszenierung. Schon im Mittelalter wusste er, was eine Marke ist. Stets trat er in der gleichen auffälligen Kleidung auf. Sein Ruf, ja sogar sein Klang eilte ihm voraus.« Protaximenes lächelt spitzbübisch. »Jetzt wissen Sie aber, über wen ich mir den Kopf zerbreche! Zeitschriften und Kabaretts wurden nach ihm benannt. In Erfurt lehrte er einen Esel lesen, in Leipzig führte er die Kürschner mit einer Hasenkatze hinters Licht, in Magdeburg behauptete er gar, er könne von der höchsten Zinne des Rathauses herabfliegen. Ich frage Sie jetzt: Ist dieser Typ **2)** ein Kollege von mir, oder nicht?«

»Weil wir gerade beim Thema sind« – Protaximenes ist heute wieder nicht zu bremsen – »da fällt mir gerade diese mit Holzschnitten versehene Verssatire aus dem Jahr 1494 ein: ›Das Narrenschiff‹ von Sebastian Brant. In diesem Vorläufer der Cartoons besteigen 111 Narren ein Schiff und machen sich auf die Reise nach Narragonien. Apropos«, er blickt auf die Uhr, »meine Lieblings-TV-Serie ›Das Traumschiff‹ beginnt gleich.« Und schon ist er, Nebelschwaden hinterlassend, abgedampft. Doch da: aus dem Nebel taucht plötzlich ein Schiff auf, die MS »Tohuwabohu«. Sie steuert auf den Schreibtisch zu und legt an. »Schöön, schöön!«, ruft der Kapitän und tritt an die Reling. Der Mann kommt uns spanisch vor: Halbglatze, an den Seiten buschiges rotes Haar, rote Knollennase, blasses, ja weißes Kinn. »Schiff ahoi, meine Herrschaften! Kommen Sie bitte über die Gangway an Bord unseres Narrenschiffes! Im Liegestuhl gleich hier an Backbord hat es sich einer der genialsten Spaßmacher der Kinogeschichte bequem gemacht. Sie haben Buster Keaton natürlich sofort erkannt – an seinem Strohhut und am charakteristischen Gesichtsausdruck. Schließlich ist Mister Keaton der Mann, der niemals … hick! **3)** Entschuldigen Sie, ich leide unter Schluckauf. Der schlaksige Herr dort mit Hut und Pfeife macht professionell Ferien. Er hat sich als Monsieur Hulot ins Bordbuch eingetragen. In Wirklichkeit heißt er … hicks! **4)** Wie Sie schon gemerkt haben, legen wir größten Wert auf Internationalität. Humor hat eben keine Grenzen und Wasser keine Balken, ha ha ha! Den Mann im Anzug, der gerade mit seinem Teddybären spricht, kennen Sie als Mister … **5)** Die Herren haben eines mit mir gemeinsam: Sie sprechen sehr wenig. Ich mache heute nur wegen Ihnen eine Ausnahme.« Der beredte Schweigsame tritt in den Wassereimer eines bordschrubbenden Matrosen und stolpert. »Hoppala, schöön! … Einen Schweizer haben wir auch an Bord, Herrn Steinberger. Der ehemalige Schweizermacher ist unser Chefsteward. Trotzdem reden ihn alle beim Vornamen an, nämlich mit …« **6)** Der Kapitän verheddert sich in einem aufgerollten Tau, taumelt akrobatisch und schlägt dabei einem blonden Langhaarigen mit eher schütterem Haarwuchs das Mikrofon aus der Hand. »Pardon, Herr Hirsch! Jetzt habe ich ihre genial-hektische Reportage über den Sport an Bord unterbrochen. … Harry Hirsch arbeitet unter einem Pseudonym an Bord der Tohuwabohu, es handelt es sich um meinen Kollegen … **7)** Otto – da vorne am Bug, das ist Otto Grünmandl. Er ist gerade mit Theo Beer in ein unsinniges Gespräch vertieft. Sie führen für das Radio ein … **8)** Frauen? Selbstverständlich haben wir auch Frauen an Bord! Die Dame dort mit dem runden Gesicht und der flachen Frisur, das ist die Liesl! Ja, die mit dem Staberl in der Hand, sie wird am Abend bei der Begrüßungsparty für die vielen jungen Gäste die Bordkapelle dirigieren – und hoffentlich nicht wieder mit dem Trompeter streiten. Welche Liesl, fragen Sie? Natürlich die … **9)** Ihr langjähriger Bühnenpartner hat mir übrigens ein Bombardon geschenkt mit der Begründung, ich sei der einzige Mensch, der ihn zum Lachen gebracht habe. Schöön, nicht wahr? Charlie Chaplin? Nein, der hat diesmal leider nicht gebucht. Wie Sie an meinem Künstlernamen erkennen, verehre ich ihn sehr. Mein bürgerlicher Name ist übrigens José Andreu i Lasserre. Anker lichten, klar machen zum Auslaufen!« Und jetzt ist auch klar, wer der schusselige Kapitän der MS »Tohuwabohu« war. **10)**

Auflösung:

1) Erich Kästner: »*Was auch immer geschieht: Nie dürft ihr so tief sinken, von dem Kakao, durch den man euch zieht, auch noch zu trinken!*«
2) Till Eulenspiegel (Ulenspiegel) trug stets eine Narrenkappe mit Schellen. Er soll 1359 in der Stadt Mölln gestorben sein. Das Volksbuch mit seinen Abenteuern wurde in 280 Sprachen übersetzt.
3) lachte
4) Jacques Tati (Film: »Die Ferien des Herrn Hulot«)
5) Bean alias Rowan Atkinson
6) Emil (Im Film »Die Schweizermacher« spielt Emil einen Beamten der Einwanderungsbehörde.)
7) Otto Waalkes
8) Alpenländisches Interview
9) Karlstadt, Partnerin von Karl Valentin (z. B.: »Die Orchesterprobe«)
10) Charlie Rivel (Rivel hatte 1910 Charlie Chaplin kennen gelernt. Einige Jahre später machte er die Bekanntschaft von Karl Valentin, der ihn von Anfang an schätzte.)

Politische Blüten

Frage 1: Das französische Herrscherhaus der Bourbonen führte welche Blume im Wappen?

*

Frage 2: In welchem Land fand 1974 die so genannte »Nelkenrevolution« statt?

*

Frage 3: In den Rosenkriegen des 15. Jahrhunderts bekämpften sich die beiden englischen Adelshäuser York und …

Musikalische Feiern

Sisis Tochter Erzherzogin Marie Valerie heiratete 1890 in der Stadtpfarrkirche zu Ischl. Der Hoforganist spielte bei der Hochzeit.

Frage 4: Wer griff in die Orgeltasten?

*

»Treulich geführt« schreitet Elsa beim Hochzeitsfest im dritten Akt ihrem zukünftigen Gemahl entgegen.

Frage 5: Wen heiratet Elsa?

*

Während eines rauschenden Festes gleich zu Beginn der Oper nimmt sich der Herzog von Mantua vor, *»das Abenteuer mit einem schönen, unbekannten Bürgermädchen zu Ende zu bringen«*.

Frage 6: Wie heißt sein Hofnarr?

Parodien und ihre Originale

»Mein Kind, was birgst du so bang dein Gesicht? / Schmeckt dir der Erdäpfelschmarrn denn nicht?«

Frage 7: Welches Gedicht?

*

Tick, Trick und Track legen die Hände übereinander und schwören: *»Wir wollen sein ein einig Volk von Brüdern, in keiner Not uns waschen und Gefahr.«*

Frage 8: Welches Stück hat sich die Walt Disney-Übersetzerin Erika Fuchs vorgenommen?

*

»Drum prüfe, wer sich ewig bindet, ob sich nicht was Bess're findet.«

Frage 9: Welches Gedicht?

Auflösung:

1) die Lilie
2) in Portugal (gegen die Salazar-Diktatur)
3) Lancaster
4) Anton Bruckner
5) Lohengrin
6) Rigoletto
7) »Der Erlkönig« (J. W. Goethe). Original: *»Mein Sohn, was birgst du so bang dein Gesicht? / Siehst, Vater, du den Erlkönig nicht?«*
8) »Wilhelm Tell« (Friedrich Schiller). Rütli-Schwur: *»Wir wollen sein ein einzig Volk von Brüdern, in keiner Not uns trennen und Gefahr.«*
9) »Lied von der Glocke« (Friedrich Schiller). Original: *»Drum prüfe, wer sich ewig bindet, ob sich das Herz zum Herzen findet!«*

Jubiläumstheater, Ehebruch und steile Frisuren

Wir schreiben das Jahr 2006. In den endlichen Tiefen der Redaktion wird fieberhaft nach einer Idee gesucht. Typisch, wenn man ihn einmal braucht, ist er nicht da. Irgendwo aus dem Raum ertönt plötzlich eine wohlbekannte Stimme: »Wenn ich so zurückdenke … dieses Jahr 106, das war ein Jahr! Wir sind aus dem Amphitheater überhaupt nicht mehr herausgekommen. Ein Festival löste das andere ab, Reden wurden geschwungen, Symposien abgehalten. Aber das Schlimmste waren die Gelage! Sehr anstrengend dieses Jahr.« Protaximenes schlägt die Beine übereinander, legt den Arm über die Lehne des nicht existenten Redaktionssofas und blickt auffordernd in die Runde. Der selbst ernannte Hausphilosoph überhört das Schweigen und setzt unbeirrt fort: »Ja, das Jahr 106. Das, in dem ein ebenfalls berühmter Kollege von mir geboren wurde. Er sollte später die Philippischen Reden schreiben.«

Frage 1: Von wem spricht Protaximenes?

*

»Wir begingen damals gleich drei Jubiläen: Zwei unserer berühmtesten Dichter hatten den 300., der dritte den 350. Todestag. Was für ein Theater! Viermal haben wir die Perser gesehen, dreimal den Feldzug der Sieben gegen Theben. Antigone hat sich fast täglich entleibt, Elektra wöchentlich in Blut gebadet. Bei den Troerinnen hat es geregnet, bei den Bakchen haben sich die Weinverkäufer im Amphitheater krumm verdient.«

Frage 2: Welche drei Jubiläen
wurden gefeiert?

*

»Aber das alles, liebe Freunde, das alles war ein Flatus – ein Furz, um im Jargon des Meisters zu sprechen – gegen das, was sich heuer um diesen Joannes Chrysostomus Wolfgangus Theophilus Mozart abspielt. Dabei sind nur lächerliche 250 Jahre zu feiern. Immerhin führte Mozart gleich zwei wohlklingende griechische Vornamen. Können Sie mir sagen, warum er sich dann Amadeus oder Amadé nannte?«

Frage 3: Wie kam Mozart auf den
Namen Amadeus?

*

Ohne die Antwort abzuwarten, springt Protaximenes auf: »Jetzt habe ich mich fast verplaudert. Ich muss in die Oper. Ein Werk, das Mozart im Kindesalter schrieb. Ich glaube, die Aufführung wird von den Floristen gesponsert: Apollo und so ein Typ, der von ihm in eine feuchtigkeitsliebende Frühlingsblume verwandelt wird. Ohne griechische Mythologie geht es eben nicht.«

Frage 4: Wie heißt die Oper, die Mozart als Elfjähriger schrieb?

*

»Aber ohne Mozart geht es auch nicht«, wollen wir noch nachrufen, aber Protaximenes ist schon entschwunden. Folgen Sie uns also auf den Spuren Mozarts. Rätsel gibt das Genie genug auf. Begeben wir uns zuallererst in die Domgasse Nr. 5. Hier befindet sich die einzige von Mozarts Wiener Wohnungen, die bis heute erhalten ist. Sie war auch die größte und teuerste, in keiner anderen blieb die Familie so lange, nämlich von September 1784 bis April 1787. Hier entstand das Quintett für Klavier und Bläser, das Mozart für sein bestes Werk hielt, hier komponierte er das »Veilchen« und »Die Hochzeit des Figaro«. Beethoven kam nachweislich in die Domgasse 5. Mit einem anderen Gast machte Mozart Kammermusik. Ihm, dem *»liebsten Freund und berühmten Mann«* widmete Mozart sechs Streichquartette.

Frage 5: Wer war dieser Gast im Hause Mozart?

*

Im Haus des Baron Wetzlar von Plankenstern am Wiener Judenplatz lernte Mozart einen Neuankömmling kennen, der gerade aus Italien kam. Der Mann war Jude und hieß ursprünglich Emmanuele Conegliano. Als seine Familie zum katholischen Glauben übertrat, nahm er einen anderen Namen an. Er wurde Priester, ging nach Venedig, musste die Stadt aber sechs Jahre später verlassen, da ihn die Inquisition wegen Ehebruchs und Konkubinats mit einer verheirateten Frau für 15 Jahre verbannt hatte. War es nur Zufall, dass sich seine erste Zusammenarbeit mit Mozart ausgerechnet um Ehebruch und Intrige drehte?

Frage 6: Unter welchem Namen wurde
Emmanuele Conegliano bekannt?

*

Apropos: Hofberichterstatter und andere Paparazzi hätten sicher gerne gewusst, welchen Haarschnitt, welche Frisur Mozart unter seiner Perücke trug.

Frage 7: Nehmen wir an, Falco hätte recht gehabt:
Dann hätte der »Superstar« das Outfit welcher
Jugendkultur bevorzugt?

*

Während der deutsche Dichter Ludwig Tieck Mozart nicht gerade wohlwollend als *»klein, rasch, beweglich und blöden Auges, eine unansehnliche Figur in grauem Überrock«* beschrieb, meinte Falco: *»Er war ein Mann der Frauen«*. Ob »womanizer« oder nicht – Mozart war jedenfalls von Frauen umgeben. Aus einem von neun erhaltenen Briefen: *»Oui, par ma la foi, ich scheiss dir auf d' nasen, so, rinds dir auf d'koi. appropós. haben sie den spuni cuni fait auch? was? ob sie mich noch immer lieb haben – das glaub ich! desto besser, besser desto!*

Ja, so geht es auf dieser welt, der eine hat den beutel, der andere hat das geld; mit wem halten sie es? mit mir, nicht wahr?«

Frage 8: An wen schrieb Mozart diese Zeilen?

*

Sie galt als eine Schönheit, ihr Vater nannte sie aber mager und hässlich. Mit elf Jahren gab sie Klavierkonzerte, die Karriere einer reisenden Virtuosin blieb ihr allerdings versagt. Sie heiratete spät und zog mit ihrem Mann nach St. Gilgen. Nach Mozarts Tod war sie federführend an der Werkausgabe beteiligt. Ihre Schenkung von 400 Briefen begründete die Stiftung Mozarteum.

Frage 9: Wer war diese benachteiligte Frau?

*

Als Mozart eine zweites Mal nach Paris fährt, ärgert sich seine Begleiterin über die schlechte Küche. Sie beschwert sich über eine Kräutersuppe, einen Kalbsfuß in einer schmutzigen Brühe und eine steinharte Leber. Schließlich geht sie ihr Kalbfleisch lieber selbst einkaufen und lässt es beim Bäcker braten.

Frage 10: Wer war die fürsorgliche Dame?

*

Sie hieß Anna Gottlieb und überlebte Mozart um 65 Jahre. Wer sein Grab sucht, wird auch ihres finden – am St. Marxer

Friedhof in Wien. Mit siebzehn gab sie die erste Pamina. Schon mit zwölf hatte sie die Rolle einer Zwölfjährigen gesungen, einer Gärtnerstochter, die sich auf der verzweifelten Suche nach einer Nadel befindet.

Frage 11: Bei der Uraufführung welcher Oper sang Anna Gottlieb die Rolle einer Gärtnerstochter?

*

Mozart hatte seine spätere Frau Constanze 1777 in Mannheim kennen gelernt, sich aber zunächst in ihre Schwester Aloysia verliebt. Vier Jahre später traf Mozart die Familie Constanzes wieder. Aloysia hatte inzwischen geheiratet. 1782 heiratete Mozart Constanze in jener Kirche, in der er neun Jahre später eingesegnet werden sollte.

Frage 12: Welche Kirche war das?

*

Frage 13: Constanze und Aloysia waren die Cousinen von welchem Komponisten?

Auflösung:

1) Cicero, 106–43 v. Chr.
2) Aischylos, 525–456 v. Chr.: »Die Perser«, »Sieben gegen Theben«
Sophokles, 496–406 od. 405 v. Chr.: »Antigone«, »Elektra«
Euripides, 485 od. 480–406 v. Chr.: »Die Troerinnen«, »Die Bakchen«
3) Theophilus (griech.) = Amadeus (lat.) = Amadé (franz.) = Gottlieb (der, von Gott geliebt wird)
4) »Apollo und Hyazinth«
5) Joseph Haydn
6) Lorenzo Da Ponte
7) des Punk (z. B. Irokesen-Frisur). Falco-Hit »Rock me Amadeus«: *»Er war ein Punker und er lebte in der großen Stadt.«*
8) das Bäsle = Maria Anna Thekla Mozart (Bäsle-Briefe)
9) Nannerl, Mozarts Schwester = Maria Anna Walburga Ignatia Mozart
10) Mozarts Mutter = Anna Maria Mozart, geb. Pertl
11) »Figaros Hochzeit« (Gottlieb sang die Barbarina)
12) Stephansdom
13) von Carl Maria von Weber, Constanzes und Aloysias Geburtsname ist Weber

Zum Heulen, diese Fragen

Er ist angeblich blutrünstig, verschlingt aber nicht nur Fleisch, auch Papier zieht er sich hinein. Er tritt in Rudeln auf, manchmal auch alleine, dann ist er einsam. Und er folgt dem Hugo …

Der Wolf, Haupt- und Nebendarsteller in vielen Märchen, Filmen und Romanen. Trotzdem ist er vom Aussterben bedroht. Ein Schicksal, das er, so berichtet Christian Morgenstern, mit einem näheren Verwandten, dem Werwolf, teilt.

Frage 1: Ein Werwolf mit Weib und Kind
erfährt zu seiner Bestürzung von einem untoten
Dorfschullehrer, dass er, zumindest theoretisch,
nicht in der Lage sei, sich fortzupflanzen.
Warum nicht?

*

Auch wenn sie sich nicht vermehren können, diese Zwischenwesen sind unter uns: »*Es war einmal ein Mann namens Harry, er ging auf zwei Beinen, trug Kleider und war ein Mensch. Aber eigentlich war er auch ein Wolf. Bei ihm war es so, dass er in seinem Gefühl zwar bald als Wolf, bald als Mensch lebte, wie es bei allen Mischwesen der Fall ist, dass aber, wenn er Wolf war, der Mensch in ihm stets zuschauend, urteilend und richtend auf der Lauer lag – und in den Zeiten, wo er Mensch war, tat der Wolf ebenso. Wenn Harry als Mensch einen schönen Gedanken hatte, eine edle Empfindung, bleckte der Wolf in ihm die Zähne.« »Es geht dem Mann nicht gut«*, schreibt der Autor in einem Brief, *»bis er entdeckt, dass es zwei Auswege aus seiner Lage gibt, entweder sich aufzuhängen oder aber, sich zum Humor zu bekehren.«* Der von fernöstlichem Gedankengut beeinflusste Roman erreicht während der Hippie-Bewegung in den 60er und 70er Jahren des 20. Jahrhunderts Kultstatus.

Frage 2: Nach diesem Kultroman hat sich eine Rockgruppe benannt. Wie heißt sie?

*

Vorsicht, da pirscht sich schon der nächste Wolf heran: *»›Es wär nur Barmherzigkeit, wenn ich ihn töte‹, meinte Weedon Scott, nachdem der von ihm für 150 Dollar freigekaufte Wolf einen Hund totgebissen hatte, ›er ist doch nicht zu zähmen!‹ Eine Meinung, die Matt, Scotts Mitarbeiter, nicht teilte: ›Geben Sie ihm eine Chance, der arme Teufel hatte ja noch gar keine Gelegenheit sich zu bewähren. Der wurde bis jetzt als Kampfhund missbraucht, der kommt aus der Hölle!‹*

Frage 3: Der Vater dieses Wolfes heißt »Einauge«, wie heißt der Autor?

*

»Der Fall mit dem Hundemörder ist verstrickt. Zuerst die Susi tot. Dann die Alice tot. Dann der Ralf tot. Dann die Asta Vanessa tot. Und dann der erste Mensch. Manchmal beneide ich die Vögel, dachte da Brenner, die über dem Augarten kreisen und von der ganzen Sache nichts wissen. Wie als Vogel hast du die berühmte Perspektive. Du hast als Krähe alles so schön im Blick, dass du aus Distanz jeden ausmachst, der wegen ein bisschen Mord die Fassung verliert!« »Wie die Tiere« verhalten sich in diesem Roman die Menschen.

Frage 4: Nicht buchstäblich genau genommen:
In der Tierwelt wäre der Nachname des Autors
Opfer seines Vornamens geworden.
Wie lautet der Nachname?

*

Da taucht eine im doppelten Sinne literarische Figur auf: Virginia Woolf. 1929 hatte sie *»Ein Zimmer für sich allein«* veröffentlicht. Der Essay über die Rolle der Frau in der Literatur wurde zu einem der meistzitierten Texte der Frauenbewegung. Grund zum Fürchten?

Frage 5: Welcher Dramatiker stellte in einem
Vier-Personen-Psycho-Stück die
rhetorische Frage: »Wer hat Angst vor
Virginia Woolf?«

*

Angst vor Wölfen hatte offenbar das DDR-Regime. 1976 wurde eine Wolf aus dem DDR-Schriftstellerverband ausgeschlossen, weil sie einen offenen Brief gegen die Ausbürgerung eines anderen Wolfs mitunterzeichnet hatte.

Frage 6: Wer unterschrieb und wer durfte nicht mehr heimreisen?

*

Ein Außenseiter war auch Lieutenant John Dunbar. Im amerikanischen Bürgerkrieg kämpft er für die Nordstaaten. Nach dem ehrenhaften Ausscheiden aus der Armee entschließt er sich, in South Dakota auf dem Territorium der Sioux-Indianer zu leben. In seiner Nähe taucht immer wieder ein alter Wolf auf.

Frage 7: Die Sioux geben John Dunbar daher den Namen …

*

Frage 8: Der Heulwolf, auch Präriewolf genannt, ist in Nordamerika beheimatet. Auch bei uns ist er unter einer Bezeichnung bekannt, die aus der Sprache der Cree-Indianer stammt, nämlich …?

*

Als wahrer Wolf im Schafspelz entpuppt sich Kammerdiener Wolf. Er verleumdet nicht nur die Dienstboten Valentin und Rosa, er nützt auch geschickt den verschwenderischen Lebensstil seines Herrn, um sich dessen Besitz anzueignen: *»Du schiffst nach England. Günstgen Wind! Ich bleibe hier und* *will mein Schifflein in den Hafen lenken. Wer ist nun zu beneiden? Er? Der stolze, der gepriesene Mäzen, der seines Glückes Reste, mit zerfallenem Gemüt, dem ungetreuen Meer vertrauen muss? Oder ich, der sanfte, der bescheidene Kammerdiener, der sein still erworbnes Schäfchen demütig ins Trockne bringen kann?«*

Frage 9: Im Dienste welchen reichen Edelmannes stand Kammerdiener Wolf?

*

»Es ist zum Heulen!« Sichtlich erregt platzt Protaximenes herein. So kennen wir ihn gar nicht. »Sie tischen da ein Märchen vom Wolf nach dem anderen auf, erwähnen aber mit keinem Sterbenswörtchen meinen ebenfalls berühmten Landsmann! Da platzt einem ja der Kragen. Ich sage nur: ›*Der Wolf und das Lamm*‹, ›*Der Wolf und der Kranich*‹ oder auch ›*Der Fuchs und die Trauben*‹! Los, nennen Sie ihn schon, den Begründer der Fabeldichtung!«

Frage 10: Also gut, tun Sie Protaximenes den Gefallen. Wer ist der Ahnvater der Tierfabeln?

*

»Und überhaupt: der erste Werwolf war ein Grieche!« Wir hätten darauf gewettet. »Der Begriff der Lykanthropie, der Verwandlung eines Menschen in einen Wolf«, doziert Protaximenes, »geht auf Lykaon, dem König von Arkadien, zurück. Lykaon hatte Zeus bei einem Festmahl frevlerisch Menschenfleisch vorgesetzt. Darob erzürnt schleuderte ihn

Zeus per Blitz aus dem Haus, Lykaon verwandelte sich danach in einen Wolf.«

Frage 11: Das hätte uns Protaximenes nicht erzählen müssen. Diese blutige Geschichte kann man in den »Metamorphosen« nachlesen. Welcher römische Dichter schrieb sie?

*

»Was ich noch sagen wollte: In Athen ist ein Tempel dem Gott Apollon Lykeios, dem ›Wolfstöter‹, geweiht. In der Vorhalle und im Hain hat mein verehrter Kollege Aristoteles gelehrt.« Protaximenes blickt blasiert auf seine Fingerspitzen: »Jetzt wissen Sie auch, woher der Name ›Lyceum‹ kommt.«

Danke für die unerbetene Nachhilfe. Unser altgriechischer Hausphilosoph braucht nicht so herablassend zu sein. Auch Römer und Germanen haben ihre mythischen Wölfe. Dass Romulus und Remus von einer Wölfin gesäugt wurden, ist allseits bekannt. Aber, lieber Protaximenes, welcher germanische Obergott wurde stets von den beiden Wölfen Geri und Freki, vom »Gierigen« und vom »Gefräßigen«, begleitet? … Verlegenes Lächeln, doch Protaximenes gewinnt seine Selbstsicherheit rasch zurück: »Belästigen Sie mich nicht mit so einer leichten Frage. Ihre wissbegierigen Leser werden das ohnehin beantworten.« Protaximenes fletscht grinsend die Zähne, rafft seinen Umhang und rauscht ab.

Frage 12: Wer überlässt seinen Begleitern Geri und Freki alle seine Speisen, während er selbst den Wein trinkt?

Wölfe sind nicht so gefräßig und blutrünstig, wie sie oft dargestellt werden. Im Gegenteil: sie beweisen, siehe Romulus und Remus, ausgeprägtes Sozialverhalten. Auch in einer Erzählung von Rudyard Kipling bemühen sich Wölfe rührend um ein Findelkind.

Frage 13: Welchen Namen geben die Wölfe dem Kleinen?

*

Letzter Szenenwechsel: vom Dickicht des Dschungels in den finstren deutschen Wald: *»Merk auf, was ich hineinwerfen werde, damit du die Kunst lernst. Hier erst das Blei. Etwas gestoßenes Glas von zerbrochenen Kirchenfenstern; das findet sich! Etwas Quecksilber! Drei Kugeln, die schon einmal getroffen! Das rechte Auge eines Wiedehopfes! Das linke eines Luchses! Probatum est!«*

Frage 14: An welchem geheimnisvollen Ort spielt diese Szene am Schluss des zweiten Aktes?

*

Diese Frage darf nicht ungestellt bleiben:

Frage 15: Welche große kleine Dame besitzt in Wolfsgraben bei Wien ein Haus und las als Mutter eines Kriminalkommissars gerne Krimis?

Auflösung:

1) Der Werwolf bat den Dorfschullehrer, ihn, den Werwolf, zu beugen (zu deklinieren). Das Pronomen »wer« tritt aber nur in der Einzahl, nicht in der Mehrzahl auf. (Christian Morgenstern: »Der Werwolf«)
2) Steppenwolf (Hit: »Born to be Wild«), nach dem Roman »Der Steppenwolf« von Hermann Hesse
3) Jack London (Roman »Wolfsblut«)
4) Haas (Wolf Haas: »Wie die Tiere«)
5) Edward Albee
6) Die Schriftstellerin Christa Wolf (Roman: »Kassandra«) hatte unterschrieben, der Liedermacher Wolf Biermann durfte nach einem Konzert in Köln, bei dem er die DDR kritisiert hatte, nicht mehr in die Heimat zurückkehren.
7) »Der mit dem Wolf tanzt« (1990, Regie und Hauptdarsteller: Kevin Costner)
8) Coyote
9) im Dienst von Julius von Flottwell im »Verschwender« von Ferdinand Raimund.
10) Äsop (um 600 v. Chr.)
11) Ovid (43 v. Chr. – 17 n. Chr.)
12) Odin. In der Edda heißt es: »*Geri und Freki / atzt der vielberühmte, / der kampfstolze Kriegergott; / doch von Wein nur / lebt der waffenstrahlende / Odin immerdar.*«
13) Mogli (Rudyard Kipling: »Das Dschungelbuch«)
14) in der Wolfsschlucht (Oper »Der Freischütz« von Carl Maria von Weber)
15) Gusti Wolf (TV-Serie »Kottan«)

Antike Straßenrowdies und andere verstaubte Geschichten

Um den Erzählfluss nicht zu unterbrechen, sind hier die Fragen zum Teil in den Text eingebaut.

Wieso ist die Sicht plötzlich so schlecht? Im Haus herrscht doch Rauchverbot. Woher also diese Wolke mitten in der Redaktion? Aus den sich auflösenden Schwaden dringen dumpfe Schläge. Husten. »Da soll noch einer sagen, früher sei alles besser gewesen. Mitnichten, Freunde, mitnichten!« Protaximenes klopft sich den Staub aus den Kleidern. »Straßenrowdies gab es leider schon zu meiner Zeit!« Welche Zeit auch immer unser philosophischer Hausgeist jetzt meint, er wird es uns wohl oder übel wissen lassen. »Ich war gerade auf den staubigen Straßen Böotiens unterwegs, als ich Zeuge eines grässlichen Zwischenfalles wurde. Kommt da mit einem Karacho so ein junger Schnösel im einachsigen Wagen daher. Die Straße wird enger, der Typ macht aber keine Anstalten zu bremsen. Ihm entgegen kommt ein Bonzengefährt mit Begleitung, wahrscheinlich ein hoher Diplomat, oder so. Keiner will ausweichen, der Bonze beharrt auf Vorfahrt. Es kommt, wie es kommen musste, nämlich zum Streit. Ärger noch: zur tätlichen Auseinandersetzung. Angefangen hat, glaube ich, der feine Pinkel mit den Bodyguards. – Verzeihen Sie diese Sprache, ich bin noch immer ganz erregt. – Der junge Raser läuft Amok und erschlägt den ganzen Tross. Einer dürfte entkommen sein. Ich jedenfalls habe mich sofort aus dem Staub gemacht. Wer will schon als Zeuge vernommen werden? Hätten Sie vielleicht ein Glas Wasser für mich?« Man reicht Protaximenes Wasser, er stürzt es in einem Zug hinunter und verdunstet.

Frage 1: Klären Sie – auch ohne Zeugenbefragung – die Tragödie auf: Wer traf hier (auf) wen?

*

»Wenn ich Ihnen noch von meiner Reise zurück in die Zukunft berichten darf.« Protaximenes hat uns nur kurz die Ehre seiner Abwesenheit erwiesen. »Ich habe in Pompeji vorbeigeschaut, um endlich die berühmten Ausgrabungen am Fuße des Vesuvs zu besichtigen. Nein – bitte unterbrechen Sie mich nicht – auf der Reise zurück in die Zukunft bin ich nicht auf Marty McFly alias Jamie Foxx gestoßen. Wenn ich weiter ausführen darf: Im Jahre 79 kam es zur Mittagszeit des 24. August zu einem schweren Vulkanausbruch. Der Vesuv schleuderte Unmengen von Asche und Lava in die Atmosphäre. Kurz danach regnete es über Pompeji Bimsstein. Als sich der Vulkan nach 18 Stunden beruhigt hatte, waren die meisten Einwohner der Stadt erstickt oder von herabfallendem Gestein erschlagen worden. Unter den Opfern befand sich der römische Schriftsteller Tacitus der Ältere, der, getrieben von naturwissenschaftlichem Interesse und dem Wunsch zu helfen, zum Ort der Katastrophe geeilt war. Eineinhalb Jahrtausende sollte Pompeji unter einer bis zu 25 Meter hohen Decke aus vulkanischer Asche begraben bleiben, bis hier 1592 der römische Architekt und Maler

Domenico Fontana bei Kanalbauarbeiten Marmortafeln und Münzen entdeckte. Ab 1763 war das Ausgrabungsgelände öffentlich zugänglich. Die Herrscher von Neapel und Sizilien beanspruchten aber das Vorrecht auf die gefundenen Schätze. So war es Besuchern sogar verboten, die Ruinen zu zeichnen. Es kam noch schlimmer: Damit sich niemand anderer ihrer bemächtigte, wurden wertvolle Wandmalereien zerstört. Der berühmte Archäologe, der den Satz von der ›edlen Einfalt und stillen Größe‹ prägte, Heinrich Schliemann, brachte jedoch durch seinen öffentlichen Protest das Königshaus dazu, von dieser Praxis abzusehen. Das heute 44 Hektar umfassende Areal ist die größte Stadtruine der Welt. 1997 wurde Pompeji von der UNICEF in die Liste des Weltkulturerbes aufgenommen. Sie sehen«, Protaximenes lächelt bescheiden und schlägt kurz die Augen nieder, »ich habe mich gründlich in die Materie eingelesen.« Aber leider nicht alles gemerkt, müsste man hinzufügen.

Frage 2: Unserem Geschichtsdozenten sind wieder einmal ein paar Fehler unterlaufen, vier an der Zahl. Korrigieren Sie den Nicht-Alleswisser. (Die Zahlen stimmen.)

*

»Weil wir gerade vom Staub der Jahrtausende reden: Wir Griechen sind geradezu Staub-Experten.« Wer hätte das gedacht?! Protaximenes hebt schon wieder an: »Da gibt es einen Stoff, der aus dem Altgriechischen übersetzt der Unzerstörbare, der Unvergängliche heißt. Theophrast hat ihn schon im dritten vorchristlichen Jahrhundert in einem Buch über Steine erwähnt. Die ewige Flamme der Akropolis in Athen wurde zu jener Zeit mit einem Docht aus diesem merkwürdigen Stoff betrieben. Und für unsere Ärzte wurden daraus Taschentücher hergestellt, die im Feuer gereinigt werden konnten. Ja«, der Vortragende klopft mit dem Zeigefinger zweimal auf den Tisch, »so fortschrittlich waren wir Griechen.«

Frage 3: Damit Protaximenes auf dem Boden bleibt, sei darauf hingewiesen, dass auch dieses feuerbeständige Wundermittel irgendwann zu Feinstaub zerfällt und dann hochgradig giftig ist. Wie heißt dieser Stoff?

*

Wenn Staub schon nicht giftig ist, gesundheitsgefährdend ist er allemal und lästig sowieso. Eine spezielle Form des Staubes ist jene Zusammenballung, Klumpung, die im Volksmund »Lurch« genannt wird. In Deutschland, wo bekanntlich alles größer und fortgeschrittener ist als in Österreich, tritt auch der Staub in evolutionär höherer Form auf, nämlich als »Staubmaus«. In Schweden rotten sich sogar »Staubratten« zusammen. Tatsächlich im Staub zu Hause ist die *Dermatophagoides microceras*. Sie gehört zur Ordnung der Arachnidae (Spinnentiere) im Stamm der Gliederfüßer – die Staubmilbe. Die kleinsten ihrer Art sind nur 0,1 Millimeter groß. Während es anderen gelungen ist, einen Vampir zu interviewen, schafften wir das Kunststück, mit einer Staubmilbe Kontakt aufzunehmen. Dieser in San Francisco interviewte Vampir – ein gewisser Louis de Pointe du Lac – zeigte übrigens homoerotische Neigungen und Abneigung gegen genrespezifische Klischees. Auf die Frage des Reporters, wie er es denn mit Kruzifixen, Pfählen und Särgen halte, antwortete er: *»Alles Unsinn, ich liebe Kruzifixe, übrigens auch elektrisches Licht. Nur Särge, Särge sind leider unausweichlich.«*

Frage 4: Wer spielte den eigenwilligen
Louis de Pointe du Lac? Ein Hinweis, nur für
Protaximenes: Als Achilles war der Schöne
nicht unsterblich.

*

Auch Vampire finden ihr Ende: Dem Sonnenlicht ausgesetzt zerfallen sie zu Staub. Fern dem Sonnenlicht, nur unter künstlichem Scheinwerferlicht oder noch lieber im Dunklen lebt unsere Staubmilbe. Die Kommunikation erwies sich als schwierig. Nicht alles, was uns das mikroskopisch kleine Wesen mitteilte, war verständlich. Hier die Mitschrift:

»Hallo allerseits, mein Name ist Dusty. Um die Wahrheit zu sagen: sonderlich beliebt bin ich nicht. Unter dem Mikroskop sehe ich wie ein Monster aus einem extraterrestrischen Hollywood-Thriller aus. Ein reizender Gedanke: Ich im Kampf mit der Hauptdarstellerin von »Alien«, mit … **5)**, auf Deutsch ›Weber‹ – ein Name, der einer Staubmilbe wie mir in den Ohren klingt. Womit wir bei der Oper wären. Ich wohne nämlich in der Wiener Staatsoper, ja wirklich – auf dem Schnürboden. Weber – er schrieb übrigens eine meiner Lieblingsopern. Da tragen sie so phantasievolle Kostüme, ein besonders schmackhaftes hat dieser Elfenkönig an, er heißt … **6)**. Ja, auch Staubmilben sind musisch und gebildet. Auf meinen Streifzügen durch das Opernhaus bin ich auf die Baupläne gestoßen. Einer der Architekten hieß Eduard van der Nüll, der andere … **7)**. Zur Eröffnung am 25. Mai

1869 wurde übrigens eine Mozart-Oper gegeben. … (träumerisch:) Mein Gott, so ein Hautschüppchen vom Herrn Mozart, das wär was gewesen! … Einer meiner Urahnen war bei der Eröffnung dabei, es hätte ihn fast das Leben gekostet! Die Statue hätte ihn beim Abgang beinahe zertreten. Tatsächlich zur Hölle fuhr dann … **8)**. Einmal, als ich mich auf der Flucht vor einem Putztrupp auf das Sofa in der Maske verkrochen hatte, ging die Tür auf und herein kommt – Anna Netrebko. Sie sah so bezaubernd aus, ich musste ihr einfach verzeihen, dass sie vor ihrer Opernkarriere als Putzfrau im St. Petersburger Mariinsky Theater meinen Artgenossen zu Leibe gerückt ist. In Wien erlebte ich die Netrebko als Juliette, den Roméo sang ihr Traumpartner, der mexikanische Tenor … **9)**. (leise:) Wenn mich nicht alles täuscht, nähert sich ein Putztrupp. Wie heißt es doch warnend im ›Oberon‹? ›*Höchste Zeit, dass wir uns aus dem Staub machen, bevor sie uns in den Staub werfen.*‹«

»Gute Idee! Auch ich werde mich davonmachen.« Protaximenes schlichtet die Falten seines Umhangs. »Nach dem Stress in letzter Zeit muss ich ein bisschen ausspannen. Die Blume der Levante ruft – Sie wissen: die südlichste Ionische Insel. 1823 treffe ich dort Dionysios Solomos. Ich werde ihm beim Schreiben der ›Hymne der Freiheit‹, der späteren griechischen Nationalhymne, ein hilfreicher Geist sein.« Protaximenes nickt noch einmal freundlich in die Runde …

Frage 10: Wohin hat sich unser Hausphilosoph verabschiedet?

Auflösung:

1) Ödipus (der junge Schnösel) traf auf König Laios von Theben (den Bonzen) und tötete ihn. Damit vollzog sich eine Prophezeiung des Orakels. Laios war, was Ödipus nicht wusste, sein Vater.
2) Nicht Jamie Foxx (erhielt als Ray Charles im Film »Ray« den Oscar als bester Hauptdarsteller), sondern Michael J. Fox spielte die Hauptrolle in »Zurück in die Zukunft«.
   Nicht Tacitus, sondern Plinius der Ältere war unter den Opfern von Pompeji.
   Nicht Heinrich Schliemann, sondern Johann Joachim Winckelmann prägte den Satz »von der edlen Einfalt«.
   Nicht die UNICEF (Kinderhilfswerk der Vereinten Nationen), sondern die UNESCO (UNO-Organisation für Bildung, Wissenschaft und Kultur) führt die Liste des Weltkulturerbes.
3) Asbest (griech.: asbestos)
4) Brad Pitt in »Interview mit einem Vampir« (1994, Regie: Neil Jordan, mit Tom Cruise und Antonio Banderas), als Achilles in »Troja« (2005, Regie: Wolfgang Petersen)
5) Sigourney Weaver
6) Oberon
7) August Siccard von Siccardsburg
8) Don Giovanni
9) Rolando Villazon (Charles Gounod: »Roméo et Juliette«)
10) nach Zakynthos

Kindisch gefragt

»Ringel, ringel, reiha, samma unsa dreia …« So beginnt ein bekanntes Kinderlied.

Frage 1: Wo sitzen die Kinder in diesem Vierzeiler?

*

Frage 2: Was findet man sowohl in lateinamerikanischen Regenwäldern als auch in E-Mail-Adressen?

*

Frage 3: Wie bezeichnet man Saccharose in hexaedrischer Form?

Letzte Worte, unvollendet

»Dann erst erfuhr Ulrich, dass sich Agathe plötzlich verabschiedet und ohne ihn das Haus verlassen habe; man richtete ihm aus, dass sie ihn durch ihren Entschluss nicht hätte stören wollen.« So endet die in Buchform erschienene Ausgabe eines unvollendeten Romans, der mit einem Wetterbericht beginnt.

Frage 4: Wie lautet der Titel?

*

»Franz, du kommst ins Lazareth. Armer, du musst Schnaps trinke und Pulver drin, das tödt das Fieber. Ja Andres, wann der Schreiner die Hobelspän sammlet, es weiß niemand, wer sein Kopf drauf lege wird.«

Frage 5: Welches fragmentarische Theaterstück endet mit diesen Worten?

*

»Er war schon im Flur, und Gerstäcker hielt ihn wieder am Ärmel fest, als die Wirtin ihm nachrief: Ich bekomme morgen ein neues Kleid, vielleicht lasse ich dich holen.«

Frage 6: Welcher unvollendete Roman endet so?

Auflösung:

1) unterm Hollerbusch
2) Klammeraffen
3) Würfelzucker
4) »Der Mann ohne Eigenschaften« (Robert Musil)
5) »Woyzeck« (Georg Büchner)
6) »Das Schloss« (Franz Kafka)

Damit der Abschied nicht zu schwer fällt – als kleine Draufgabe zwei »Bonus Drecks«:

Hier kämpft ein ungewöhnlich großes Insekt mit dem Staub: *»Dabei hätte er gerade jetzt mehr Grund gehabt, sich zu verstecken, denn infolge des Staubes, der in seinem Zimmer überall lag und bei der kleinsten Bewegung umherflog, war auch er ganz staubbedeckt; Fäden, Haare, Speiseüberreste schleppte er auf seinem Rücken und an den Seiten mit sich herum; seine Gleichgültigkeit gegen alles war viel zu groß, als dass er sich, wie früher mehrmals während des Tages, auf den Rücken gelegt und am Teppich gescheuert hätte. Und trotz dieses Zustandes hatte er keine Scheu, ein Stück auf dem makellosen Fußboden des Wohnzimmers vorzurücken.«*

Frage 1: Wer macht in dieser Erzählung eine sonderbare Verwandlung durch?

*

Der Staub ist ein großer Feind der Kunst. Welches Werk will schon verstaubt sein, geschweige denn als solches gelten? In den dunklen Kellern der Museen und Sammlungen der Welt lagern tausende und abertausende Kunstschätze, nicht immer unter besten Bedingungen. Die folgende Geschichte ist frei erfunden, könnte sich also niemals so ereignet haben, schon gar nicht in einem österreichischen Museum. Ein Museumsangestellter wird beauftragt, für die Werkschau eines österreichischen Künstlers ein bestimmtes Gemälde aus den Tiefen des Speichers zu holen. Im Keller angekommen, stellt der Mann erschrocken fest, nein, nicht dass das Bild verschwunden ist, sondern dass sich Unmengen Staub auf dem Bild angesammelt haben. Es ist nicht mehr zu erkennen, also macht er sich unverdrossen und unbedarft ans Entstauben (hüstelt): »Pfffau, des staubt! Na, fang ma oben an. Da is Blau, überall sattes Blau – des wird der Himmel sein, ohne Wolkn. Darunter: Weiß, strahlendes Weiß – Berge, des san schneebedeckte Berge. Aha, da wirds dunkel – eine Steilwand im Schatten … und sonst: Schnee, Schnee im gleißenden Sonnenlicht – das wär a Wetter für a Schitour! … (bläst und wischt) Pfffuu! Doschau, da tauchn klane Gstaltn auf, des könnt a Wanderer sein. (wischt) Und jetzt, da im Vordergrund, ein Kopf … ein breitschultriger, sportlicher Typ im weißen Leiberl, die Ärmel aufgestreckt – haß' is eam – an Rucksack hat er umghängt … und was hat er unten an? (bläst) A schwoaze Hosn, eine Pumphose, wia ma damals gsogt hat, dürft des sein. Und – was sog i: Schi, Holzschi mit weit aufbogane Spitzn – des is a Schifahrer, ein Tourengeher, dem Outfit nach aus de dreißger Joar. … Schaut aus wie ein Fremdenverkehrsplakat: Sonnenschilauf im März. So, und is des a signiert? Ah jo, do untn. … Jetzt frog i mi: Waun der so haßt, warum moit der daun kane Bam?«

Frage 2: Der Maler ist 1958 in Kitzbühel gestorben, wie heißt er?

Auflösung:

1) Gregor Samsa (Franz Kafka: »Die Verwandlung«)
2) Alfons Walde

Jetzt geht noch ein Licht auf

Mit welchem Begriff bezeichnete der Sprachpsychologe Karl Bühler *»ein eigenartiges im Denkverlauf auftretendes, lustbetontes Erlebnis, das sich bei plötzlicher Einsicht in einen zuerst undurchsichtigen Zusammenhang einstellt«*?

Auflösung:

Aha-Erlebnis